Angela Scheibe-Jaeger

MODERNES

SOZIALMARKETING

Praxis-Handbuch für Non-Profit-Organisationen
- Das Instrumentarium des Marketing-Mix
- Überleben durch professionelles Handeln

Die Deutsche Bibliothek – CIP-Einheitsaufnahme

Scheibe-Jaeger, Angela:
Modernes Sozialmarketing : Praxis-Handbuch für Non-Profit-Organisationen ;
das Instrumentarium des Marketing-Mix ; Überleben durch professionelles Handeln /
Angela Scheibe-Jaeger. – 1. Aufl.. – Regensburg ; Berlin : Walhalla-Fachverl., 2002
(Sozialwesen)
ISBN 3-8029-7432-8

Zitiervorschlag:
Angela Scheibe-Jaeger, Modernes Sozialmarketing
Walhalla Fachverlag, Regensburg, Berlin 2002

Für Peter, Christina und Verena

© Walhalla u. Praetoria Verlag GmbH & Co. KG, Regensburg/Berlin
Alle Rechte, insbesondere das Recht der Vervielfältigung und Verbreitung
sowie der Übersetzung, vorbehalten. Kein Teil des Werkes darf in irgendeiner Form
(durch Fotokopie, Datenübertragung oder ein anderes Verfahren) ohne schriftliche
Genehmigung des Verlages reproduziert oder unter Verwendung elektronischer
Systeme gespeichert, verarbeitet, vervielfältigt oder verbreitet werden.
Produktion: Walhalla Fachverlag, 93042 Regensburg
Umschlaggestaltung: Gruber & König, Augsburg
Druck und Bindung: Westermann Druck Zwickau GmbH
Printed in Germany
ISBN 3-8029-7432-8

Nutzen Sie das Inhaltsmenü:
Die Schnellübersicht führt Sie zu Ihrem Thema.
Die Kapitelüberschriften führen Sie zur Lösung.

Gesamtinhaltsübersicht

Vorwort von Prof. Dr. Winkelm189

Die klassischen Mix-Bereiche des Marketing lösen sich auf, Marketing ist in einer anderen Form als ressortumspannende Unternehmensphilosophie auferstanden. Das bedeutet auch, dass das so genannte Beziehungsmanagement eine eigenständige Kontur gewinnt. Langfristige Kundenbindung wird zur zentralen Voraussetzung für eine erfolgreiche Entwicklung der Gesamtorganisation. Diese „weichen Faktoren", denen sich das Sozialmarketing bislang verschrieben hat, lassen die Grenzen selbst zwischen der Disziplin Sozialwesen und dem klassischen Marketing verschwimmen. Das Beziehungsmanagement könnte letztlich Profit-Marketing und Non-Profit-Marketing vereinen.

Diese visionäre Idee bewog Frau Kollegin Scheibe-Jaeger, neue Wege des Marketing – vom 4-P- zum 5-P-Marketing – aufzuzeigen. Persönliche Beziehungen aufzubauen und zu halten wurde als fünftes P den klassischen vier hinzugefügt.

Ich wünsche dem Praxis-Handbuch eine breite Leserschaft und eine belebende Diskussion unter den Freunden des Marketing.

Prof. Dr. Peter Winkelmann

Marktorientierte Unternehmensführung
Studienschwerpunkt Marketing und Vertrieb FH Landshut

Erfolg ist planbar

Modernes Sozialmarketing gibt Ihnen neue Impulse, wie Sie für Ihre Non-Profit-Organisation (NPO) Erfolge durch marktorientiertes Denken und professionelles Handeln erzielen und kompetent die Zukunft gestalten können. Je planmäßiger Sie vorgehen, desto eher trifft Sie der Zufall, und Erfolg tritt dann ein, wenn eine Chance auf gute Vorbereitung stößt.

Meist wird Marketing mit Werbung und Öffentlichkeitsarbeit oder mit Absatz, Vertrieb und Verkauf gleichgesetzt. Dabei ist Marketing viel mehr: Es ist eine ganzheitliche Organisationsphilosophie. Marketing zu praktizieren heißt, zu wissen, dass der Erfolg Ihrer Organisation nicht vom Zufall abhängt, sondern aktiv planbar ist. Marketing identifiziert Marktchancen, wertet Informationen zielgerecht aus, wählt adäquate Alternativen und beinhaltet umsetzbare Handlungsstrategien. Dieses Praxis-Handbuch vermittelt Ihnen das notwendige Marketing-Rüstzeug, um auch dem verstärkten Druck durch neue Wettbewerber auf dem Non-Profit-Markt standhalten zu können.

Was Ihnen dieses Praxis-Handbuch bietet

Erfolg ist wirklich planbar. Voraussetzung ist aber, die Erfolgsgesetze zu kennen und richtig zu nutzen. Mit vielfältigen Anregungen aus der Praxis für die Praxis hilft Ihnen dieses Praxis-Handbuch dabei, mit der Marketing-Philosophie vertraut zu werden, die Grundvoraussetzungen des strategischen Marketing zu erkennen und die Instrumente des operativen Marketing zu erlernen. Dieses Grundgerüst wird Ihnen als mit umfangreichen Checklisten angereichertes Werkzeug dargelegt. Übungseinheiten mit eingehenden Fragestellungen zu den einzelnen Kapiteln erleichtern den Zugang zu der Materie.

Sozialmarketing ist ein weites Gebiet; es berührt sämtliche Arbeitsbereiche einer Organisation und betrifft die Mitarbeiter aller Hierarchiestufen. Tagtäglich kommen Fragen auf, die Sie vielleicht noch nicht als ein Teilgebiet des Marketing begriffen haben. Von ihrer professionellen Beantwortung hängt der Erfolg der Organisation ab.

Dieses Praxis-Handbuch gibt Ihnen mit seinen erprobten Handlungsanleitungen, zuverlässigen Anregungen und zahlreichen Tipps Antworten auf folgende Fragen:

- Wo liegen die Stärken und Schwächen der Organisation? Mit welchen Risiken und Chancen muss gerechnet werden?

- Worin sehen wir die Grundwerte, mit welcher Philosophie arbeiten wir?

- Worauf basiert das besondere Profil der Organisation?

- Welche Ziele verfolgen wir?

- Wer sind die Mitbewerber?

- Wer sind unsere aktuellen und potenziellen Kunden, welche Besonderheiten zeichnen diese aus?

- Welche neuen Bedürfnisse gilt es zu bedienen?

- Wie kommen die Kunden zu uns, wie unsere Leistungen zu den Kunden?

- Wie werden die Kunden auf Angebote aufmerksam?

- Wie werden sporadische Nutzer zu Stammkunden?

- Mit welchen „Produkten" erreiche ich die Kunden?

- Wie sieht das optimale Preisgefüge aus, wie lässt es sich durchsetzen?

- Welchen Ruf hat unsere Organisation?

- Mit welchen Kommunikationsmitteln sollte die Organisation mit ihren Kunden in Kontakt treten?

- Welche Auswirkungen haben diese Maßnahmen?

Die Vielfalt der Erfolgsfaktoren lässt sich nur mit systematisch geplantem und kontinuierlich praktiziertem Marketing nachhaltig nutzen. Marketing geschieht nicht aus dem „Bauch heraus". Vielmehr bedeutet es, dass Ihre Aktivitäten nicht mit der „heißen Nadel" gestrickt werden sollen, dass es keine unüberlegten „Schnellschüsse" oder „Eintagsfliegen", also keinen wilden Aktionismus geben darf. Modernes Sozialmarketing beinhaltet die Bündelung in sich geschlossener, schlüssiger und strategischer Maßnahmen. Strategie oder Systematik bedeuten ein gezielt geplantes und kontinuierliches Vorgehen, auch an übermorgen bewusst zu denken sowie über den Tellerrand der Organisation zu schauen.

Der Kundenbegriff im Sozialmarketing

Relevante Bezugspersonen, Klientel, (potenzielle) Zielgruppe, Nutzer: Die Umschreibung des Kunden von gemeinnützigen Organisationen sind vielfältig. Das Theater spricht vom Besucher oder Zuschauer; soziale Einrichtungen von Klienten, Betreuten oder Patienten; andere NPO von Nutzern oder Teilnehmern. Von Käufern oder Abnehmern ist nicht die Rede. Allen ist eines gemeinsam: die Scheu vor dem Ausdruck „Kunden". Walt Disney hatte ihn auch, aber im positiven Sinne, denn ihm wird der Spruch in den Mund gelegt: Ich habe keine Kunden, ich habe Gäste.

Wenn im Folgenden der Kunde im Mittelpunkt steht, und dies wird sehr häufig der Fall sein, da sich beim Marketing alles um den Kunden dreht, so ist die Person gemeint, die direkt oder indirekt die Angebote der NPO in Anspruch nimmt. Wie bei jeder Dienstleistung mit und von Menschen hängt das Ergebnis auch von der Art, Intensität und Qualität der Mitarbeit des Kunden ab. Die Angebote werden nicht nur für, sondern meist mit dem Kunden erbracht, der ab und zu auch zu seinem „Glück gezwungen" werden muss. Anders als beim Kauf eines Produktes tritt der Effekt, speziell der Sozialen Dienstleistung, nicht immer sofort ein.

Zu den Kunden der NPO zählen im weitesten Sinne auch private und öffentliche Unterstützer, Wirtschaftsunternehmen, Medienvertreter und andere „Meinungsmacher", von deren Wirken das Wohl und Weh der Organisation abhängt.

Meine Bitte: Lassen Sie sich auf diese weite Definition ein und vernachlässigen Sie dabei die sozialpädagogische Diskussion um den Kundenbegriff. Es geht um die Definition, die Sie im Kopf haben, weniger um die Definition, die auf dem Papier steht!

Angela Scheibe-Jaeger

Angela Scheibe-Jaeger
Dipl. Volkswirtin + Dipl. Soz.-Päd. (FH)
Marketing in Theorie + Praxis
Schrämelstraße 39
81247 München
Tel./Fax: 0 89/8 34 93 47
E-Mail: AngelaScheibe-Jaeger@t-online.de

Mehr wissen – mehr bewirken

1

1. Marketing – eine Modeerscheinung?

„Marketing" ist in aller Munde und muss als Begriff für vieles herhalten. Auch im Non-Profit-Bereich wurde es zu einem Modewort: Von wenigen als Erfolgsgeheimnis gepriesen, von andern als Killerwort der Profitgeier gehasst. Dieses Buch richtet sich an aufgeschlossene Einsteiger, die die Zeichen der Zeit und die Notwendigkeit des Umdenkens erkannt haben, wie an engagierte Fortgeschrittene, die Marketing als Erfolgsrezept schätzen und nach weiteren Anregungen suchen.

Es genügt nicht mehr, hauptsächlich eine soziale Dienstleistung zu erbringen, sondern es müssen die Bedürfnisse der aktuellen und potenziellen Nachfrager beachtet sowie die Angebote der Marktteilnehmer übertroffen werden. Es setzt sich immer mehr die Einsicht durch, dass sich gemeinnützige Arbeit nicht von selbst verkauft, dass es die Kunden nicht auf Bezugsschein gibt.

Die Zeiten ändern sich; die Märkte, in denen sich Non-Profit-Organisationen bewegen, sind neuen Entwicklungen unterworfen. Die Zahl der Mitbewerber nimmt zu, die Zielgruppen zeigen ein stets neuen Moden unterlegenes Verhalten, die Nutzer haben vermehrte Wahlmöglichkeiten und wollen mit attraktiven Angeboten umworben werden. Die staatlichen Mittel werden knapp und müssen professioneller bei den verschiedenen öffentlichen wie privaten Unterstützern eingeworben werden. Werbung ist zwar ein wesentlicher Bestandteil der Marketing-Aktivitäten. Doch Vorsicht: Marketing darf keinesfalls nur auf Maßnahmen der Werbung oder Öffentlichkeitsarbeit reduziert werden. Vielmehr stellt Marketing Fragen zum Sinn und zum Inhalt einer Organisation dar und ist weit entfernt davon, lediglich Fragen der Vermarktung über Verpackung oder Werbemaßnahmen darzustellen.

2. Was ist modernes Sozialmarketing?

Marketing ist ganz allgemein das auf den Markt gerichtete Denken und Handeln. Es umfasst alle Aktivitäten, die den Markt direkt oder indirekt beeinflussen.

Modernes Sozialmarketing ist weit mehr als eine betriebswirtschaftliche Technik für gemeinnützige Organisationen, es gilt vielmehr als die umfassende Kunst, Kunden zu finden und zu binden. Wichtig ist die grundsätzliche Erkenntnis: Marketing is more art than science, weniger der Einsatz purer Technik als vielmehr das kunstfertige Fingerspitzengefühl. Als Führungskonzept macht das aktive Marketing die Bedingungen des Marktes für die Organisation erkennbar und zeigt praktische Handlungsmöglichkeiten auf, mit denen die Organisationen erfolgreich am Markt agieren können.

Marketing bedeutet die Analyse, Planung, Durchführung und Kontrolle aller auf aktuelle Märkte ausgerichteten Aktivitäten, die darauf abzielen, durch die dauerhafte Befriedigung der Kundenbedürfnisse die Organisationsziele zu realisieren. Dies beinhaltet das dauerhafte Aufspüren von Problemen und Bedürfnissen der Menschen und das kreative Anbieten von ganzheitlich darauf ausgerichteten Problemlösungen.

Im Mittelpunkt des Sozialmarketing steht die systematische und planvolle Erfassung und Erfüllung vorhandener und neuer Kundenbedürfnisse sowie der Einsatz der jeweils richtigen Aktionen aus dem Marketing-Mix. Als dynamischer Prozess bedeutet dies die konsequente Ausrichtung aller Organisationsaktivitäten auf den Markt, sprich: auf den Kunden und dessen Bedürfnisse. Systematisch genutzt werden dazu die passenden marketingpolitischen Instrumente (Marketing-Mix) der Beziehungsarbeit, Produktgestaltung, Preis- und Distributionspolitik sowie des Kommunikations-Mix.

Worauf es beim Marketing ankommt

Aus den Beschreibungen des Marketing gehen zwei wichtige Komponenten hervor:

- Die Vorarbeit in Form der systematischen und planvollen Erfassung und Erfüllung vorhandener und neuer Kundenbedürfnisse, die Definition des Organisations- und Marketingzieles und kreative Ansätze, die Organisation attraktiv zu gestalten.

- Der Einsatz von fein aufeinander abgestimmten Marketing-Instrumenten, wie Beziehungsarbeit, Produktgestaltung, Preis- und Distributionspolitik sowie Kommunikationsarbeit. Wichtig ist der richtige Marketing-Mix.

3. Sell brotherhood like soap?

Skeptiker fragten Anfang der 50er Jahre, ob man Gemeinnützigkeit wie Seife verkaufen könne. Die Antwort lautet immer deutlicher ja, wenn es um die faire Einhaltung der Marketing-Grundregeln geht und der Kundennutzen im Mittelpunkt steht. Auch die Tätigkeit von NPO erfordert ausnahmslos Marketing. Es ist schlicht nicht möglich, ohne Marketing nachhaltige Erfolge zu haben.

In den Anfängen des Marketing von gemeinnützigen Einrichtungen stand die Frage nach dem Transfer kommerzieller Regeln und Methoden auf den NPO-Bereich im Mittelpunkt der Veröffentlichungen: Kann man die betriebswirtschaftliche Methode, das Marketing, so einfach auf den gemeinnützigen Bereich übertragen?

Sozialmarketing als Marketing von NPO hat sich in den letzten Jahren zaghaft als neues Bewusstsein auf allen Führungsebenen etabliert und verliert mit zunehmendem Wettbewerb und abnehmenden Fördermitteln den „Hautgout des Reizthemas". Dem verstärkten Druck durch neue Wettbewerber auf dem Non-Profit-Markt um die Gunst der „Kunden", der Ebbe in den öffentlichen Kassen, dem Run auf den Spender, gesellschaftlichen Entwicklungen, ausdifferenzierteren Zielgruppen mit neuen Ansprüchen, der zunehmenden Austauschbarkeit der Organisationsinhalte und nicht zuletzt der gewerblichen Konkurrenz – all diesen Entwicklungen kann der Non-Profit-Bereich nur durch verstärkte Aneignung von Kenntnissen aus dem Wirtschaftssektor begegnen, sprich: durch Öffnung hin zu einer neuen, ökonomischer orientierten Denk- und Handlungsweise.

Wer heute kein Marketing betreibt, der bleibt auf der Strecke. Auch eine NPO muss sich mit ihrem speziellen Profil als „Marke" im öffentlichen Bewusstsein präsentieren, um angesichts der Überfülle an Informationsflut einerseits und eines wachsenden Konkurrenzdrucks andrerseits auf Dauer erfolgreich Leistungen anzubieten bzw. Mittel zu beschaffen, um ihre Satzungsziele erreichen zu können. Im modernen Sozialmarketing geht es nicht primär um das „Vermarkten", sondern Marketing bedeutet hier gleichermaßen Denkbereitschaft und Handwerkszeug, die auf den Markt und seine Teilnehmer gerichtet sind.

Nur wenn die Organisation mit ihrem Leistungsspektrum eine klare Positionierung, also eine deutliche Stelle im Bewusstsein der potenziellen Zielgruppe(n) einnimmt, können diese erkennen, warum sie gerade hier ihre Kinder betreuen lassen, sich selbst fortbilden, Waren kaufen, zu Veranstaltungen gehen oder sich beraten lassen sollen. Von besonderer Bedeutung ist es, dem Kunden seinen individuellen Nutzen greifbar werden zu lassen.

Vom Reizthema zum Seminar-Renner

Die Thematik Sozialmarketing fällt immer weniger unter die Rubrik „Tabu". Innovationsbereitschaft, Reaktionsfähigkeit und Flexibilität sind mehr denn je gefragt, alte Berührungsängste wurden (fast) abgebaut. Das Reizthema Marketing von NPO wurde zum begehrten Inhalt vielfältiger Seminarangebote.

Die Prinzipien der Kundenpflege, Strategien offensiver Imagekampagnen und weiterer Marketing-Aktivitäten dürfen keine „böhmischen Dörfer" mehr bleiben. Anpassungsfähigkeit an den Strukturwandel ist das Gebot der Stunde. Gefragt sind Dienstleistungsmentalität, Kundenorientierung und ein Kompetenzprofil, das durch Marketing-Kenntnisse geprägt ist. Die Kundenzufriedenheit muss auch hier als zentraler Begriff (an-)erkannt werden. Überall dort, wo Menschen in Kontakt mit Menschen treten, entsteht Marketing als Transfer von Werten zwischen Partnern. Ja, Marketing bedeutet Umgang mit Werten!

Wichtig: Gemeinnützige Organisationen haben ebenso wie Wirtschaftsunternehmen die Aufgabe, ihren Leistungspartnern (Kunden) gute Angebote zu machen und diese zu deren Wohle ständig zu optimieren. Kundenorientierung ist angesagt. Ihr Ziel ist es, Unternehmen wie auch soziale Einrichtungen dadurch wettbewerbsfähiger zu machen, dass kommerzielle wie auch nicht kommerzielle Unternehmensprozesse an den Kundenbedürfnissen ausgerichtet werden. Dem Primat der Kundenwünsche kommt danach vorrangige Bedeutung zu. Diese Kundenbedürfnisse sollen durch eine stärkere Produkt- und Dienstleistungsdifferenzierung besser erfüllt werden. Oft sind es übrigens die schlichten Dinge, die Zufriedenheit ausmachen, wie zum Beispiel die Freundlichkeit des Personals.

Kundenorientierung ist angesagt

Social Marketing bietet allen Verantwortlichen aus dem nicht kommerziellen Sektor einen systematischen Ansatz zur Planung und Durchführung von Austauschbeziehungen mit dem Ziel, benötigte Ressourcen zu erwerben, diese in nützliche Produkte und Dienstleistungen umzuwandeln und schließlich den Output effizient auf die Zielmärkte zu verteilen.

Gegebenheiten und Herausforderungen machen den Einsatz von Marketing-Methoden im Sozialbereich sowie in anderen Einrichtungen des Non-Profit-Bereichs notwendig. Bei den Verantwortlichen in NPO hat sich die Erkenntnis gefestigt, dass professionelle Arbeit auf marktwirtschaftliche Elemente zurückgreifen muss. Auch gemeinnützige Vereine und Initiativen sind Marktteilnehmer und können sich seiner Dynamik nicht entziehen. Social Management, Marketing-Mix im Sozialbereich, Marktorientierung, Evaluation, all diese Schlagworte sind aus den neueren Veröffentlichungen zu Methoden innovativer Arbeit im sozio-kulturellen Sektor nicht mehr wegzudenken.

Social Management ist die Voraussetzung für Effektivität und Effizienz, und die Grundlagen ökonomischen Verhaltens werden angesichts der knappen Ressourcen zunehmend eingefordert. Selbst die schärfsten Kritiker des Profit-Sektors sollten sich mit dieser Notwendigkeit auseinander setzen. Der Konkurrenzkampf erfordert es, eigene Qualitäten und die Einzigartigkeit des Organisationsangebotes professioneller als bisher unter Beweis zu stellen.

Achtung: Die weit verbreitete Meinung, mit der richtigen Werbung werde fast jedes Produkt verkauft, ist ein Irrglaube. Nur wenn die Werbung zum Produkt passt und Preis, Image und Produkt ein für den Kunden überzeugendes Gesamtbild ergeben, wird er zum Käufer. Und nur, wenn er durch geeignete Aktionen überzeugt wird, wandert er nicht zur Konkurrenz, sondern entwickelt sich zum treuen Stammkunden.

Der Absatz von Waren und Dienstleistungen lässt sich längerfristig nicht über Werbung allein steuern, sondern nur über das Zusammenspiel aller Instrumente, basierend auf der Marketing-Philosophie: „Gute Verkäufer verkaufen nicht, sie machen Kunden glücklich." „Ich habe nie Marketing betrieben, sondern nur meine Kunden geliebt."

Entwicklung und Einsatzmöglichkeiten des Marketing

2

1. Der Ursprung des Marketing

Marketing als Aktivität von Wirtschaftsunternehmen ist ein junger Begriff, der sich in den späten 20er Jahren in den USA verbreitete. Ausgelöst durch die Massenproduktionen, der dadurch entstandenen Überkapazität und des aufkommenden Verbraucherbewusstseins wurde Amerika zur Wiege des Marketing. Hier entstanden erste Marktforschungseinrichtungen, einschlägige Marketing-Medien und -Vereinigungen sowie der Einzug in wissenschaftliche Werke.

In Europa ist der Marketing-Begriff erst seit den 50er Jahren gebräuchlich. Die spätere Industrialisierung und vor allem die beiden Weltkriege führten dazu, dass hier das Marketing in der BWL wie in der Praxis ein Schattendasein führte.

Wichtig: Begriff und Inhalte von Marketing sind sowohl im theoretischen Ansatz als auch in der praktischen Handhabe generell einem starken Wandel unterworfen. Marketing bedeutet wörtlich „vermarkten", etwas auf dem Markt verkaufen. Anfangs bezeichnete es als Absatzpolitik sämtliche Aktivitäten des Verkaufs. Definition und Selbstverständnis haben sich im Laufe der Jahre allerdings stark verändert und wurden mit anderen ethischen Wertvorstellungen in Bezug gesetzt.

Marketing wird heute allgemein vorherrschend als übergeordnete und sämtliche „unternehmerischen" Aktivitäten bestimmende „ganzheitliche" Philosophie und Führungsgrundsatz eines Unternehmens betrachtet. Zunehmend hält „Sozialmarketing" sowohl als Organisationsphilosophie wie als Handlungsinstrumentarium auch Einzug in den NPO-Bereich.

2. Marketing in Deutschland: Von der Nachkriegszeit bis heute

Während es Marketing-Aktivitäten im Ursprungsland USA schon seit etwa 1920 unter dieser Bezeichnung gab, hielt Marketing 1955 unter der Bezeichnung „Absatzwirtschaft" Einzug in die allgemeine BWL. 1969 wurde der erste Marketing-Lehrstuhl an einer bundesdeutschen Universität gegründet.

Nachkriegszeit:
Marketing ist im Verkäufermarkt unnötig und unbekannt

Von Kriegsende bis in die 50er Jahre sahen sich die Hersteller von Produkten den Abnehmern gegenüber in der stärkeren Verhandlungsposition, da es in der Nachkriegszeit an allem mangelte. Es war relativ einfach und problemlos, für diese Güter auch Käufer zu finden, denn was produziert wurde, konnte auch sofort verkauft werden. Auf die Wünsche der Kunden brauchte man keine große Rücksicht nehmen – sie kauften das, was es gab. In einer solchen Situation der knappen Produkte und Dienstleistungen (Verkäufermarkt) war kein besonderes Marketing nötig, der Produzent konnte das Angebot und seinen Absatz bestimmen. Der Herstellung von Produkten kam eine weit größere Bedeutung zu als dem Absatz, denn dieser galt mehr oder weniger sicher. Im damaligen Verkäufermarkt war es für die wenigen Anbieter nicht notwendig, sich nach den Wünschen der zahlreichen Kunden zu richten.

Überflussgesellschaft der 60er Jahre:
Marketing wird zum Schlagwort des Käufermarktes

Auf die Phase der Produktionsorientierung des Verkäufermarktes der Nachkriegszeit folgte die Phase der Verkaufsorientierung. Anfang der 60er Jahre traten verstärkte Sättigungserscheinungen bei den Verbrauchern auf, denn auch die größte Nachfrage ist einmal gestillt. Neue Konkurrenten kamen auf den Markt, der Markt wurde eng, der Absatz stockte und der Wettbewerb wurde härter. Jeder war versorgt, Einheitsmassengüter waren immer schwerer verkäuflich. Die Knappheitswirtschaft der Nachkriegszeit und des Wiederaufbaus hatte sich zur Überflussgesellschaft gewandelt mit einer wachsenden Macht der Verbraucher. Der Markt in den 60ern war ein so genannter Käufermarkt, bei dem der Kunde aus einem Überangebot wählen konnte. Mit dem Aufkommen der Massenprodukte und dem Wechsel vom Verkäufer- zum Käufermarkt entbrannte ein Kampf um den erstmals richtig entdeckten Kunden. Dabei setzte die Werbung immer häufiger ihre „geheimen Verführer" und andere Methoden des „hard selling" ein. Marketing wurde als die Problemlösung des rückläufigen Absatzes angesehen und bekam auch in Deutschland einen hohen Stellenwert. In dieser Phase galt Marketing ausschließlich als Vertriebspolitik, bei der das Produkt und die aktive Förderung des Absatzes im Mittelpunkt standen. Mittel waren eine aggressive Preispolitik, Aufbau des Außendienstes, starker Vertriebseinsatz, gezielte Schulung der Verkäufer und intensive Werbung mit viel Überredungskunst und sanfter Verführung.

Klassisches Marketing in den 70ern und 80ern: Der Kunde wird König

Mit zunehmender Warenfülle und Sättigung der Märkte mussten die Unternehmen allmählich das Hauptaugenmerk weg vom Produkt hin zum Markt und seinen Teilnehmern, den Kunden, richten. Die Spanne von 1970 bis 1980 war die Hochzeit des klassischen Marketing mit der Entdeckung der Segmentierung, bei der der Markt in Zielgruppen mit bestimmten Wünschen, Verhaltensweisen und Kaufgewohnheiten aufgeteilt wurde. Es herrschte immer stärker die Situation der Käufermärkte, die sich zunehmend in immer kleinere Märkte zersplitterten. Dabei wurden die Kunden immer mehr als die eigentlich bestimmenden Faktoren für den Erfolg oder Misserfolg eines Unternehmens erkannt. Alle Bemühungen mussten sich auf die Wünsche und Bedürfnisse der Kunden richten. Der Kunde wurde zunehmend als König hofiert, denn er wurde auch von der Konkurrenz heftig umworben und mit vielen Tricks abgeworben. Die Methoden des „hard selling" mit „geheimen Verführern" der Werbung wurden als kontraproduktiv erkannt, der Kunde wurde zunehmend souveräner und missbilligte aggressive Verkaufsmethoden durch Abwandern zur Konkurrenz. In den Blickpunkt kamen Umweltverträglichkeit sowie soziokulturelles und gesellschaftliches Engagement der Unternehmen, um sich darüber Wettbewerbsvorteile gegenüber den Mitbewerbern zu verschaffen.

Heute: Stärkung der Kundenbindung durch integriertes Marketing und Kundenbetreuung

Bislang zielte Marketing vorrangig auf die Kaufentscheidung des Kunden und endete damit. Heute geht ein wichtiger Teil des Marketing über den reinen Kauf hinaus. Seit den 90er Jahren will Marketing mit Neukundengewinnung bzw. einem dynamischen gegenseitigen Interaktionsprozess, dem neuen Dialog mit dem Kunden, eine möglichst individuelle Beziehung zu diesem aufbauen und räumt dieser Beziehung zum Kunden und dessen Betreuung den totalen Vorrang ein. Es reicht jetzt nicht mehr die bloße Zufriedenheit des Kunden; angestrebt wird die anhaltende Begeisterung. Der zufriedene Kunde ist tot, es lebe der begeisterte Kunde. Grundvoraussetzung dazu ist die genaue Kenntnis der stark differenzierten Zielgruppen und ihrer gestiegenen Kundenansprüche, um bei zunehmend festzustellender rückläufiger Kundentreue mit dem Angebot von Kundenbindungsaktivitäten erfolgreich zu bleiben. Ziel des modernen Marketing ist es, den Kunden durch persönliche Betreuung und „Nach-dem-Kauf-Service" dauerhaft an das Unternehmen bzw. die Organisation zu binden, ihn zum „Stammkunden" zu machen und seine „Verweildauer zu erhöhen". Er soll sich ganz mit der Organisation identifizieren. Der langfristigen Symbiose des Unternehmens oder der NPO mit dem Kunden kommt die Schlüsselstellung zu; das Produkt wird eher zur Nebensache. Was hierbei zählt, sind die eher emotionalen (Zusatz-)Werte („benefits" bzw. „added values"), für die das Produkt steht und aufgrund derer es gekauft wird. Marketing wurde mehr und mehr zu einer umfassenden Unternehmensphilosophie und zu einer strategischen Unternehmensführungskonzeption. Dabei kommt dem in allen Aktivitäten des Unternehmens integrierten Marketing höchste Bedeutung für seine Erfolge zu.

Auch die NPO entdecken die Instrumente des Sozialmarketing für ihre Arbeit und ihre Chancen für nachhaltige Organisationserfolge. Ohne eine Markt- und Kundenorientierung kann heute keine gemeinnützige Einrichtung auf Dauer bestehen, denn der Wettbewerb wird immer härter. Neue Anbieter kommen auf den Markt und der Kunde wird immer anspruchsvoller. Niemand kann es sich mehr leisten, sich auf seinen Lorbeeren auszuruhen und die Wünsche seiner Kunden nicht zu kennen bzw. ernst zu nehmen. Der Kundennutzen kommt zuerst: Client first, organisation second!

3. Absatz von Leistungen und Beschaffung von Ressourcen

Die Marketing-Aktivitäten von Unternehmen wie von nicht kommerziellen Organisationen zielen generell in zwei Richtungen. Einmal auf den Absatz von Leistungen am Markt, zum andern auf die Beschaffung von Ressourcen jeder Art. Dabei gelten die gleichen Grundsätze und es kommen die gleichen Instrumente zum Einsatz.

Absatzmarketing

Absatzmarketing bedeutet, ausreichend Abnehmer, Interessenten, Klienten, Nutzer, Zuschauer, Käufer, Teilnehmer – also Kunden für die Angebote zu finden und diese Beziehungen wiederum zu pflegen. Beim Absatzmarketing stellt sich die Einrichtung die Frage: Wo, wie, an wen, zu welchen Bedingungen können wir unsere Produkte oder Dienstleistungen optimal vermarkten, d. h. erfolgreich anbieten? Welche Angebote müssen wir in Zukunft planen? Es reicht nicht, ein gutes Angebot zu entwickeln und sich ständig neue Märkte zu erschließen. Wichtig ist es auch, zielgruppenorientiert vorzugehen und die vorhandenen Kunden gut zu bedienen. Damit ist gemeint, besonders die Wünsche, Vorstellungen und Gegebenheiten der eigenen vorhandenen Kunden als Zielgruppe zu berücksichtigen und diese mit entsprechenden Aktivitäten zu Stammkunden zu machen.

Der Schwerpunkt dieses Buchs liegt auf der Darstellung des Sozialmarketing als Absatzmarketing.

Beschaffungsmarketing

Das Beschaffungsmarketing umfasst sämtliche Anstrengungen, Personal, Betriebsmittel, Materialien sowie Geldkapital zur Abwicklung und Sicherstellung der Organisationsarbeit zu beschaffen. Es gilt zu klären, woher, wann, wie, zu welchen Bedingungen, in welcher Menge, Häufigkeit und Qualität können wir auf bestmöglichem Weg zu Rohmaterialien, hauptamtlichem und freiwilligem Personal, möglichst kostenlosen Sachmitteln, Know-how und Empfehlungen sowie zu Finanzen,

26

wie Fördermittel, Spenden, Bankkrediten, kommen. Für die systematische Beschaffung von Geld, aber auch Mithilfe, Sachspenden und anderen geldwerten Leistungen hat sich in letzter Zeit der Ausdruck Fundraising etabliert (siehe auch *Scheibe-Jaeger, Angela:* Finanzierungs-Handbuch für Non-Profit-Organisationen. Fundraising – der Weg zu neuen Geldquellen, Walhalla Fachverlag).

4. Die drei Bedeutungen des Sozialmarketing

Die Begriffe Sozialmarketing, Sozio-Marketing oder Social Marketing sind als Synonyme anzusehen. Welche Bedeutung hat die Komponente „sozial", was ist sozial am Sozialmarketing? Hierfür stehen die folgenden drei Varianten des Sozialmarketing.

Marketing von kommerziellen Unternehmen mit „sozialer" Komponente

Durch das Sozialmarketing als das „sozial angehauchte" Marketing von Wirtschaftsunternehmen unter Einbeziehung des Faktors Mensch sollte das strikt kommerzielle, rein auf Gewinn ausgerichtete Marketing von einem „humaneren" Konzept abgelöst werden. Maßgeblich war dafür nicht eine menschenfreundlichere Haltung, sondern die daraus resultierenden Wettbewerbsvorteile im totalen Wettbewerb um den Kunden. Ein gesellschaftsfreundlich agierendes Unternehmen hatte im harten Wettbewerb nunmehr „die Nase vorn". Antriebskraft für dieses Sozialmarketing war, ist und bleibt, dem Unternehmen langfristig Gewinne zu bescheren.

Mit dem Aufkommen dieser Unternehmensethik sollten die Schwächen des nur profitorientierten Marketing, etwa die Ausgrenzung von Umweltproblemen oder sozialer, kultureller und gesellschaftlichen Verantwortungen, überwunden werden. Unternehmensaktivitäten sollten sich nach diesem Konzept verstärkt an humanitären und ethischen Grundsätzen und Zielen sowie dem Erkennen sozialer und gesellschaftlicher Probleme orientieren. Der Mensch (sowohl der Kunde als auch der Mitarbeiter oder andere „Anspruchsinhaber") wurde bewusst in den Mittelpunkt gestellt. Ein Kennzeichen dafür war beispielsweise die Einführung von Sozial-Bilanzen oder Öko-Bilanzen.

Auch in der BRD erfuhr Anfang der 70er Jahre dieses „soziale" Marketingkonzept durch das Erstarken der sozialen Aktivitäten wie auch das der Verbraucher- und Umweltschutzbewegungen eine Ausweitung, wie sie sich in den USA bereits vollzogen hatte. Es entstand in den Wirtschaftsunternehmen ein Marketingansatz, bei dem vor allem die Sozialverantwortlichkeit der Unternehmen des Marketing gegenüber der Gesellschaft betont wurde. Es wurde auch mehr auf die längerfristigen Aspekte wirtschaftlichen Handelns („Nachhaltigkeit") sowie die gesellschaftliche Bedürfnisbefriedigung eingegangen, die das traditionelle Marketing mit seiner begrenzten Sichtweise auf primär kurzfristige, individuelle bzw. parzielle Ziele unterlassen hatte. Beispielsweise zeigt sich die stärkere Verantwortung gegenüber den Bedürfnissen der Gesellschaft in der zunehmenden Unterstützung von kulturellen, ökologischen, kirchlichen oder sozialen Einrichtungen. Die gemeinnützigen Aktivitäten der Unternehmen werden zunehmend in Unternehmensführern als Tipps für Kaufentscheidungen oder als Kriterium für Aktienanlagen aufgelistet mit der Folge, dass „soziales" Marketing definitiv als Wettbewerbsvorteil genutzt wird.

Marketing für gemeinnützige Ideen und Ziele

Bei dieser Variante des Social Marketing werden die Techniken des kommerziellen Marketing auch für gute ideelle Zwecke eingesetzt und „sozial" im Sinne von gesellschaftlich verwendet, so etwa zu Realisierung öffentlicher Anliegen durch Appelle gegen Umweltverschmutzung oder für soziale oder gesundheitliche Ideen und Verhaltensweisen. Führend bei der ersten theoretischen Darlegung des Marketing für gemeinnützige Ideen, Zwecke und Ziele war und ist der amerikanische „Sozialmarketing-Papst" Philip Kotler. Er beschrieb erstmalig die Durchsetzung von Verhaltensweise bzw. deren Veränderungen mit Hilfe der bislang ausschließlich von Wirtschaftsunternehmen genutzten Marketing-Instrumente. Der Begriff des Sozialmarketing umschreibt hierbei den systematischen Prozess zur Entwicklung von Marketing-Konzepten, der generell darauf ausgerichtet ist, soziale Aufgaben, speziell der Verhaltensänderung, zu verwirklichen. Am Anfang stand Sozialmarketing in den USA für die systematische Verbreitung einer Idee, z. B. Anti-Raucher-Kampagnen, Aktionen gegen Ausländerfeindlichkeit oder Informationsveranstaltungen zur Familienplanung. Im Vordergrund stand und steht immer die Problemorientierung, die Lösung gesellschaftlicher Probleme. Die ausgesuchten Zielgruppen sollten mit Marketing-Methoden und -Instrumenten davon überzeugt werden, dass es sich lohnt, bestimmte Leistungen und (geänderte) Verhaltensweisen zu erbringen.

Der Unterschied zwischen kommerziellem und sozialem Marketing liegt danach nicht im Vorgehen, sondern im Inhalt und in der Zielsetzung. Non-Profit-Marketing setzt auf Überzeugung statt auf Überredung. Dieser Unterschied fällt ins Gewicht, denn der Versuch, Denk- und Verhaltensweisen zu beeinflussen, ist mit größeren Umsetzungsschwierigkeiten verbunden als Konsumenten zum Kauf von Produkten zu veranlassen. Die Produkte des Sozialmarketing dieser Prägung sind immateriell, d. h. sozialer Natur.

Als Beispiele hierzulande seien die Kommunikationskampagnen zu den Themen Aids, Fremdenfeindlichkeit oder zum Thema Europa genannt.

Marketing-Aktivitäten von NPO

Die dritte Version des Begriffs Sozialmarketing bezieht sich auf den bewussten Einsatz von Marketing-Instrumenten durch soziale und sonstige nicht kommerzielle Einrichtungen zum Absatz der sozialen, kulturellen, ökologischen, kirchlichen o. ä. Angebote. Zunehmend bedienen sich die gemeinnützigen Einrichtungen der Marketing-Ideen; man spricht von Kulturmarketing, Marketing von Kirchen, Ökomarketing, Schulmarketing, Stadtmarketing etc. Alle Marketing-Aktivitäten von NPO sollen im Folgenden unter Sozialmarketing zusammengefasst werden. Marketing von NPO ist institutionsorientiert und umschreibt die strukturierten Marketing-Aktivitäten des Non-Profit-Bereichs. Diese Variante steht im Zentrum des Buchs. Kernidee des Sozialmarketing ist es, die Nutzer, Klienten, Betroffene, Bedarfsträger o. Ä. als „Kunden" zu betrachten und in den Mittelpunkt aller Aktivitäten zu stellen, um damit den neuen quantitativen wie qualitativen Herausforderungen des Marktes zu begegnen. Die Dynamik des Wettbewerbes durch verstärkte (internationale) Konkurrenz und die „ökonomische Wende" mit immer knapperen öffentlichen Finanzen haben diesen Trend beschleunigt. Hinzu kommen aber auch die höhere Sensibilität der NPO für gesellschaftliche Defizite sowie der Abbau von Berührungsängsten gegenüber dem Bereich der Wirtschaft. Soziales Marketing ist ein Verfahren oder vielmehr eine Kunst, bei der es um die richtige Sprache mit dem Klienten, um eine veränderte Denkhaltung und ein umfangreiches Handwerkszeug geht, mit dem Ziel, der Organisation und ihren Angeboten zu mehr Wirkungskraft zu verhelfen. Marketing wird hierbei als Erfolg versprechendes Führungsinstrument betrachtet, um auf der Basis optimierter Organisationsabläufe, von Marktkenntnis und innovativem Denkansatz die Angebote einer Organisation auf die Kundenwünsche auszurichten – ehe es eine andere Einrichtung tut. Generell heißt die erste Marketing-Devise: Nicht reagieren! Es gilt, die Kunden durch eigene Aktivitäten zu gewinnen und binden und nicht darauf zu warten, bis sie von selbst kommen. Das moderne Sozialmarketing beschreibt darüber hinaus die neuesten Trends aus dem kommerziellen Marketing, die auch von NPO genutzt werden können.

5. Die zwei Dimensionen des Marketing

Nachhaltige Erfolge lassen sich nur mit System erzielen. Marketing bedeutet, Markterfolge strategisch und gezielt zu planen, statt sie dem Zufall zu überlassen, heißt zu agieren statt reagieren, heute schon an übermorgen zu denken! Alle Bemühungen des Marketing müssen dem Kunden gelten, er ist der Dreh- und Angelpunkt des Handelns, „Kundendienst" darf allerdings kein bloßes Lippenbekenntnis bleiben.

Strategische Grundaufgaben und operatives Instrumentarium

Marketing hat zwei Dimensionen, die offene Denkhaltung, assistiert von langfristiger Planung, und die pragmatische Umsetzung durch passende Instrumente:

Hinter den Marketing-Definitionen steckt zum einen eine übergeordnete Einstellung und Denkhaltung, bei der die vier strategischen Grundaufgaben des Marketing als die Erledigung der essenziellen Vorarbeiten im Vordergrund stehen. Um kundenorientiert agieren zu können, muss ich wissen, was der Kunde will, was die Mitbewerber anbieten, welchen Ruf meine Organisation geniesst, welche gesellschaftlichen Entwicklungen anstehen. Das Marketing sollte durch einen neugierigen und zukunftsorientierten Unternehmergeist inspiriert werden.

Zum andern gehört zum Marketing eine pragmatische Handlungsmaxime, bei der es um das Marketing als operatives Handeln in Form des Marketing-Mix geht. Mit welchen Aktivitäten können die Kunden zu treuen Fans gemacht werden, wie können die Angebote optimiert werden, wie soll die langfristige Produktpolitik aussehen, welche Preise sollen verlangt werden, wie kommt der Kunde zu den Angeboten, wie die Leistungen zu den Kunden, wie kann die Kommunikationspolitik attraktiv gestaltet werden?

Die vier Grundaufgaben des strategischen Marketing

3

1. Organisationsanalyse und Markterforschung

Bei den vier strategischen Grundaufgaben des Marketing geht es um die unabdingbaren Vorarbeiten für die praktischen Marketing-Aktivitäten. Marketing funktioniert nicht ohne genaueste Kenntnisse der Ressourcen der Organisation, ohne aussagekräftige Daten über tatsächliche oder mögliche Zielgruppen, ohne Überblick über die Mitbewerber oder anstehende Marktentwicklungen. Um sinnvolle und Erfolg versprechende operative Entscheidungen treffen zu können, sind umfangreiche Informationen über die eigene Situation, die eigenen Möglichkeiten, die Stärken und Schwächen, mögliche Risiken und Chancen, die Konkurrenz- und Marktlage sowie die „Beschaffenheit" der (potenziellen) Kunden und ihrer Entscheidungsmotive unerlässlich.

Ihre Kommunikationspolitik ist zum Scheitern verurteilt, wenn sich die Organisation nicht durch ein besonderes Profil hervorhebt. Über allem schweben die Ziele der Organisation. Sämtliche Ergebnisse und Erkenntnisse müssen schriftlich in einem Plan zusammengeführt werden.

Die durch Organisationsanalysen und Marktforschung ermittelten und ständig aktualisierten Daten sollten in ein wirksames Marketing-Informationssystem eingespeist werden, das allen Interessierten zugänglich sein und auch intensiv für die Planung der Marketing-Aktionen genutzt werden sollte.

Interne Bestandsaufnahme: Organisations- und Potenzialanalyse

Eine der wichtigsten Grundvoraussetzungen für erfolgreiches Marketing ist eine umfassende Situationsanalyse. Vor dem Marketing-Erfolg steht die interne Bestandsaufnahme. Die Grundlage einer sorgfältigen Planung und erfolgreichen Durchführung ist eine zuverlässige, gründlich recherchierte und möglichst breite Datenplattform. Hierfür werden alle wichtigen internen wie externen Daten über die Organisation gesammelt und entsprechend aufbereitet.

Bevor ich mich auf den Markt ausrichte, muss ich zuerst Art und Umfang der Ressourcen der Einrichtung – auch ihre organisationsinternen, hausgemachten Stärken und Schwächen! – unter die Lupe nehmen, die externen Risiken und Chancen bedenken und die latenten Gefahren erkennen, die Leistungspalette einer genauen Prüfung unterziehen, die Organisationsphilosophie als das Selbstverständnis der

Organisation erarbeiten und dieses durch Umsetzung in Präsentationsmaterialien und des sonstigen Erscheinungsbildes in Wort, Schrift und Gedanken klar und deutlich formulieren.

Die eigene Standortbestimmung bringt Klärung des Potenzials der Organisation und umfasst folgende Teilgebiete:

- Entwicklung der Organisationsphilosophie als Selbstverständnis der Organisation
- Festhalten des Selbstbildes bzw. der Innenwahrnehmung
- Schonungslose Erfassung der Stärken und Schwächen
- Erstellen eines Kompetenzprofils
- Erfassen der Art und des Umfangs der finanziellen, technischen und menschlichen Ressourcen der Einrichtung (Ressourcenprofil nach Zeit, Umfang, Kompetenzen, Neigungen etc.)
- Überprüfung sämtlicher Präsentationsmaterialien und des gesamten Erscheinungsbildes nach innen und außen.

Checkliste: Interne Bestandsaufnahme

- Weshalb soll Marketing betrieben werden?
- Von wem ging die Idee aus, wird sie von allen getragen?
- Wie lautet die Organisationsphilosophie?
- Welche Träume und Visionen hat die Organisation?
- Worin besteht das besondere Profil der Organisation?
- Wie sehen die Mitarbeiter die Organisation und deren Image?
- Wie sieht die Einschätzung der (potenziellen) Kunden aus?
- Worin liegt die besondere Stärke der Einrichtung?
- Was sind die Schwachstellen der Organisation?
- Wo liegen die Chancen und Möglichkeiten für die Organisation?
- Wo lauern Risiken und Gefahren?
- Welche finanziellen, technischen und menschlichen Ressourcen weist die Organisation auf?
- Ist das Erscheinungsbild einheitlich, wo liegen Optimierungsmöglichkeiten?
- Was gibt es sonst noch zu klären?

Praxis-Tipp:

■ Nutzen Sie die nächste Teambesprechung für die Überprüfung Ihres Selbstverständnisses oder gehen Sie daran, die längst fällige Leitbilddiskussion anzufangen bzw. zu Ende zu bringen.

■ Nutzen Sie diese Checkliste als Arbeitsgrundlage und halten Sie die Ergebnisse sorgfältig fest.

■ Komprimieren Sie diese Ergebnisse in Kurzform, zur Vorlage für eventuelle Berater (Werbeagentur o. Ä.) oder für die Gestaltung von Informationsmaterialien.

■ Stellen Sie in weiteren Sitzungen fest, ob das Ergebnis in allen Köpfen verankert ist. Ist das Ergebnis auch in die Herzen eingedrungen?

Externe Bestandsaufnahme:
Marktforschung als Analyse und Beobachtung

Marketing als das „Wirtschaften vom Markt her" setzt gute Marktkenntnis voraus. Die ständige Beobachtung des Marktes ist deshalb die wichtigste Voraussetzung für langfristig erfolgreiches Marketing. Der Marketing-Plan sollte nur auf gesicherten Ergebnissen aufbauen, Marketing-Aktivitäten nicht ohne fundierte Informationen durchgeführt werden. Marktforschung insgesamt kann einen erheblichen Beitrag dazu leisten, gravierende Fehler zu vermeiden und frühzeitig Hinweise auf mögliche Gefahren und Chancen zu liefern.

Zu den Aktivitäten der Marktforschung gehören die Grundlagenforschung sowie die ständige Beobachtung der relevanten Größen. Die detaillierte Informationsbeschaffung der Marketing-Forschung dient als Ausgangspunkt für die Realisation einzelner Marketing-Maßnahmen. Untersuchungsziele sind die Zielgruppen und ihr Verhalten, die neuen Problemlagen in der Gesellschaft, die Analyse der sich abzeichnenden Möglichkeiten und daraus resultierender Gefahren, die Erfassung kultureller Trends, Umweltproblematiken o. Ä., für deren Lösung neue Angebote entwickelt werden können. Produkt- und andere Tests erleichtern die Auswahl der erfolgversprechendsten Lösungsalternativen. Marktforschung hat darüber hinaus auch eine Kontrollfunktion zur Evaluation der Wirksamkeit der Marketing-Aktionen, z. B. Werbeerfolgskontrollen oder Befragungen zur Zufriedenheit der Kunden.

Marktforschung im Sozialmarketing ist wichtig zur

- Imageanalyse
- Zielgruppenforschung
- Konkurrenzanalyse
- Umfeldforschung
- Standortanalyse.

Begriffspaare aus der Marktforschung

Die vielfältigen Bereiche der Marktforschung kann man nach den verschiedensten Kriterien in Begriffspaare einteilen:

- **Häufigkeit der Erhebung:** Die *Marktanalyse* ist eine einmalige Bestandserhebung und damit eine statische Momentaufnahme; die dynamische Betrachtung des Marktes dagegen geschieht durch die (laufende) *Marktbeobachtung*.

- **Methode der Marktforschung:** Bei der *Sekundärforschung* als so genannter „Schreibtischforschung" (desk research) braucht der Forscher sein Büro nicht zu verlassen. Er nutzt dabei sozusagen als „Zweitnutzer" das organisationsinterne oder -externe Datenmaterial, das ursprünglich für andere Zwecke gewonnen und aufbereitet worden ist, für seine eigenen Marketing-Erkenntnisse. Im Gegensatz dazu steht die um ein Vielfaches teurere, aber dafür individuell aussagekräftigere *Primärforschung*, die gezielt für einen speziellen Zweck konzipiert wird. Hier werden Daten entweder über die Kunden der Organisation und ihr Verhalten, den Bekanntheitsgrad oder des Ansehens von Organisationen erhoben, um der zunehmenden Individualität der Kunden Rechnung zu tragen. Primär-Marktforschung ist eine zielgerichtet für die Lösung bestimmter Aufgaben konzipierte Forschung. In aller Regel geschieht diese „Feldforschung" (field research) durch Befragen geeigneter Personen in Haushalten, auf der Straße, in Firmen oder bei Kunden. Den gegenüber der Sekundärforschung höheren Informationsgehalt von Ersterhebungen muss man relativ teuer erkaufen und meist bei speziellen Marktforschungsinstituten in Auftrag geben. Allerdings lassen sich kleinere Untersuchungen (zur Kundenzufriedenheit oder Nutzungsgewohnheiten) auch organisationsintern durchführen.

■ **Auswahlverfahren:** Die für eine Befragung geeigneten Untersuchungspersonen lassen sich auf zwei verschiedenen Wegen finden, denn man kann nur eine begrenzte Anzahl von Menschen in die Befragung einbeziehen. Wichtig ist die Repräsentanz der Stichprobe gegenüber der Grundgesamtheit. Die Aussagen der Befragungspersonen sollen die richtigen Rückschlüsse auf alle Menschen zulassen und nicht zu falschen Ergebnissen führen. Das Random-Verfahren ist ein mathematisches *Zufallsverfahren*, bei dem die Auswahl der Befragungspersonen rein zufällig erfolgt. Diese Methode ist oft sehr schwierig durchzuführen und auch sehr kostenintensiv, da mit vielen Fehlkontakten zu rechnen ist. Beim *Quotenverfahren* sorgt dagegen nicht der Zufall für die Repräsentanz der Stichprobe, sondern die gesteuerte Willkür, mit der die Stichprobe konstruiert wird. Der Interviewer weiß, wer die geforderten Nutzungsmerkmale, beispielsweise den Besitz eines Autos oder die Inanspruchnahme bestimmter Angebote bzw. Leistungen, vorweisen kann. Oder er spricht so lange Befragungspersonen an, bis er die gewünschte Kombinationen von Merkmalen (Autobesitzer, der Volkshochschul-Kurse belegt; Handy-Nutzer mit schulpflichtigen Kindern; Vielflieger, die sich bei Greenpeace engagieren) findet. Dieses Verfahren ist weit billiger als das Random-Verfahren, lässt jedoch keine mathematischen Fehlerberechnungen zu, sodass sich etwaige Auswahlfehler einschleichen können. In der Praxis hat sich das preiswertere Quotenverfahren allerdings trotz seiner etwas beschränkten Aussagekraft bewährt.

■ **Erhebungverfahren:** Bei der *quantitativen Forschung* werden in der Regel Umfragen auf der Grundlage hoher Fallzahlen durchgeführt. Quantität bedeutet hier die Menge der Befragungsfälle. Es wird ein sehr großer Kreis befragt, um einen Überblick über bestimmte Verteilungen und die Größe bestimmter Nachfragesegmente zu erhalten. Man kann aber auch bei Quantität von Erhebungen von Mengen sprechen, ausgedrückt durch Zahlenmerkmale (wie z. B. Stückzahlen, Häufigkeiten, Nutzungsmengen). Hierbei werden überwiegend mengenmäßige Daten wie Kaufkraft, Marktpotenzial, Endverwenderstrukturen, Marktanteile u. Ä. (meist als Befragung) erhoben. Die *qualitative Forschung* ist gekennzeichnet durch relativ geringe Fallzahlen bzw. durch Erhebung von Eigenschaften, Motiven, Verwendungsarten, Verhalten etc. Dabei wird ein sehr kleiner Kreis sehr intensiv befragt, um Hinweise auf den Entscheidungsprozess zu bekommen. Man spricht hierbei auch von Bedürfnis- und Motivforschung. Sie erlaubt Angaben über die Ursachen des Konsumentenverhaltens wie Bekanntheit, Kaufmotive, Zufriedenheit, Einstellungen und Meinungen, bes. zu Imagedimensionen (erfasst in Gruppendiskussionen), und man kann aus diesen Informationen schließen, auf welche Art und mit welchen Argumenten die Verbraucher angesprochen und beeinflusst werden können. Die Fragen werden meist mit Hilfe des psychologischen Frageninstrumentariums gestellt, weshalb diese Form auch als (psychologische) Motivforschung bezeichnet wird. In der Regel werden beide Erhebungsverfahren kombiniert angewandt.

- **Erhebungstechniken:** Weiter kann in Erhebungstechniken *von Mensch zu Mensch* (meist als Interview) und *mittels technischer Hilfsmittel* unterschieden werden (bevorzugt am Telefon, aber auch per Post, Computer, Haushaltsbuch oder anderer Geräte zur Beobachtung menschlicher Reaktionen, Verhaltensweisen und Gefühlen; dazu gehören z. B. die Augenkamera oder das Messgerät am Fernseher). An derartige Informationen kommt man durch die verschiedenen Erhebungsmethoden wie telefonische Erhebungen, Gruppenbefragungen, Experiment, Beobachtung und Befragung durch schriftliche Fragebogen-Aktionen (postalisch), persönliche Interviews (face-to-face-Interview) oder (computerunterstütztes) Telefoninterview. Unterschieden werden Vorstudien, so genannte Pre-Tests, um die Fragen auf Realitätsnähe, Logik, Verständnis o. Ä. zu überprüfen, sowie die Hauptstudien, in die die Vorergebnisse z. B. bei der Auswahl und Formulierung der Fragen bzw. Themen eingehen.

Hier einige Möglichkeiten, wie Sie Ihre eigene Marktforschung kostengünstig gestalten können.

Als Sekundärforschung: Sie können sich am Schreibtisch durch gründliche Zeitungslektüre, einen Blick in Fachzeitschriften oder Zeitungsarchive, den Bezug von Fachliteratur und kontinuierliches Auswerten sämtlicher verfügbarer Quellen informieren. Diese Quellen können die Gelben Seiten, (alternative) Branchenverzeichnisse und Adressbücher, Mediaanalysen und sonstige Marktstudien, Markenhandbücher und Verbraucheruntersuchungen, Branchendienste, einschlägige Veröffentlichungen beispielsweise von Industrie- und Handelskammern oder (Industrie-, Berufs- oder Branchen-)Verbänden und Marktforschungsstudien sein. Natürlich können auch offizielle Statistiken wie vom Statistischen Bundesamt (Statistische Landesämter mit regionalen Daten), Arbeitsamt o. Ä., das Internet oder Datenbanken (z. B. Genios) genutzt werden. Auch Banken und Sparkassen bzw. deren Verbände können Daten (Branchenanalysen o. Ä.) liefern.

Als Primärforschung: Auch Sie selbst können „Erhebungen" machen, indem Sie in persönlichen Gesprächen und Recherchen möglichst viel über Ihre Wettbewerber zu lernen versuchen, Materialien anfordern, die Einrichtung besuchen, Angebote in Anspruch nehmen oder sich mit Kunden unterhalten. Eine gute Quelle für Erkenntnisse ist der Besuch von Fachmessen oder einschlägigen Veranstaltungen, auf welchen Ihr Konkurrent auftritt. Der hausgemachten Konkurrenzbeobachtung sind (fast) keine Grenzen gesetzt! Tun Sie alles, um gute Einfälle zu sammeln, daraus können neue Ideen entstehen. Kopieren ist durchaus erlaubt. Vergleichen Sie auch immer wieder das Stärken-Schwächen-Profil Ihrer engsten bzw. stärksten Konkurrenten mit dem Ihrer eigenen Organisation. Sie haben ja den Anspruch, besser, anders und vor allem besser zu sein als diese. Auch wenn Sie ein von Ihrer Organisation veranstaltetes Seminar in der Schlussrunde von den Teilnehmern auswerten lassen, betreiben Sie bereits Primärforschung! Nehmen Sie die Ergebnisse ernst und lassen Sie sie in die nächste Seminargestaltung einfließen. Auch wegen geringer Fallzahlen nicht repräsentative Daten können wichtige Entscheidungsgrundlagen für das Marketing liefern. Eine weitere Möglichkeit der Datenerhebung ist die Kundenbefragung hinsichtlich Zufriedenheit, Verbesserungsvorschlägen, Gründe für die Geschäftsbeziehung, Art der Geschäftsanbahnung o. Ä.

Professionelle Datenbank

Die geforderte Kundenorientierung erfordert zweifelsohne auch ein neues Informationsmanagement, eine gut funktionierende Datenbank. Umfassendes Datenmaterial zu den individuellen Bedürfnissen muss laufend gesammelt, analysiert, aufbereitet, bewertet und wieder eingesetzt werden. Wichtig ist es, die gesammelten Daten in eine gut gepflegte Datenbank einzuspeisen bzw. alle relevanten Informationen so aufzubereiten, um jederzeit damit gezielt arbeiten zu können (Database-Management). Hier empfiehlt es sich, die Kosten für eine leistungsstarke und ausbaufähige Software nicht zu scheuen und auf eine „selbstgestrickte" Datenbank zu verzichten. Auch für weniger als 5 000,– EUR gibt es für kleinere Organisationen Lösungen, die Ärger ersparen und von Anfang an vielseitig einsetzbar sind.

Checkliste: Bisherige Marktforschungspraxis

- Was für Risiken oder Gefahren können auf die Organisation zukommen?

- Formulieren Sie eindeutige Fragen, auf die Ihre Marktforschung Antwort geben sollte: Welchen Problemen wollen wir mit Marktforschung auf die Spur kommen?

- Überlegen Sie, wer wo/woher welche Daten zusammentragen könnte.
  - Wer erhebt/sammelt Daten?
  - Wo(her), aus welchen Quellen?
  - Worüber/welcher Art?
  - Wie werden sie aufbereitet?

- Beziehen Sie auch Ihr persönliches und berufliches Umfeld (Familie, Freunde, Bekannte, Stammkunden, Kollegen, Vernetzungspartner o. Ä.) in die Recherche-Aktivitäten ein. Ist die Botschaft bei allen Team-Mitgliedern angekommen?

- Was geschieht bislang mit den Daten, wie werden sie gesammelt und aufbereitet?

Imageanalyse

Ein Grundbaustein für sämtliche Aktivitäten des Marketing ist die Untersuchung des Fremdbildes als Ansehen oder Bewertung der Organisation. Wie wird die Organisation von den tatsächlichen und möglichen Kunden in der Außenwahrnehmung eingeschätzt? Das Image ist die Ganzheit aller richtigen oder falschen Vorstellungen, die sich Menschen über einen Meinungsgegenstand wie Produkte, Unternehmen bzw. NPO machen. Dem Image kommt eine wichtige Orientierungsfunktion zu. Es macht Produkte, Unternehmen oder Organisationen für die Kunden und Nicht-Kunden unterscheidbar und unverwechselbar. Die Orientierungsfunktion führt zu einer Identifikation der Produkte und der Anbieter. Mit dieser Zuschreibung wiederum identifizieren sich die Kunden, d. h. sie identifizieren sich über bestimmte Marken. Das Image ist dadurch wesentliche Einflussgröße für Kaufentscheide. Grundlagen für das Image sind eine Vielzahl von Daten, die der Konsument als „Vorerfahrung" bewusst oder unbewusst aufnimmt. Das Image ist keinesfalls starr oder für alle Zeiten festgelegt. Es ist vielmehr ein analysierbares, planbares, gestaltbares und kontrollierbares Gebilde.

Oftmals weicht dieses (Fremd-)Image ganz beträchtlich von der eigenen Sichtweise, der Selbsteinstellung oder Selbsteinschätzung ab.

Wichtig: Betrachten Sie Ihre Organisation mit den Augen der Kunden, überprüfen Sie das Erscheinungsbild mit unverstelltem Blick! Und denken Sie daran: Der Kunde macht sich ein Bild von Ihrer Einrichtung, für dieses „Ansehen" ist einzig und allein die Organisation selbst verantwortlich. Ehe Sie ein Image korrigieren können, müssen Sie es allerdings kennen!

Das Image Ihrer NPO wird maßgeblich vom Leitbild, den Organisationsgrundsätzen, der Philosophie bestimmt und hängt davon ab, wie dieses Leitbild öffentlich gelebt wird.

Checkliste: Corporate Identity und Imageanalyse
■ Gibt es in Ihrer Einrichtung eine Festlegung der „Arbeitsphilosophie"?
■ Wie wollen Sie von den anderen gesehen werden (eigenes Wunsch-Image)?

noch: Checkliste: Corporate Identity und Imageanalyse

- Wo ist Ihr Platz in der NPO-Landschaft?
- Was ist Ihr sozialpolitischer, kultureller, ökologischer etc. Auftrag?
- Worin liegt Ihre lokalpolitische Bedeutung?
- Was macht die Tradition Ihrer Einrichtung aus?
- Welche bedeutende Persönlichkeit hat Verbindung mit bzw. Bedeutung für Ihre Organisation?
- Wie sieht der Kunde (Fremd-Image) Ihre Organisation (als Ergebnis einer Marktuntersuchung)?
- Entsprechen diese Punkte Ihrem Wunsch-Image?
- Wo liegen Verbesserungspotenziale in Richtung Wunsch-Image?
- Welche Erklärung haben Sie für die Abweichungen?
- Welches Image hätte Ihre Organisation verdient?
- Wie könnte dieses erreicht werden?
- Was darf auf keinen Fall geschehen? Wie kann das verhindert werden?
- Wodurch lässt sich das Erscheinungsbild der NPO „aufpolieren"? Warum ist es so, wie es ist?
- Haben Sie sich schon mal Referenzen eingeholt?
- Welche Aussagekraft hat der Name Ihrer Organisation, ist er noch zeitgemäß und aussagekräftig? Transportiert er die gewünschten Inhalte?

Zielgruppenforschung

Effektives Marketing beginnt mit der Erforschung des Kunden. Dadurch werden verschiedene Segmente zutage gefördert, die aus Käufern mit unterschiedlichen Bedürfnissen bestehen. Das generelle Konsumenten- bzw. Kundenverhalten gewann für das Marketing in dem Augenblick an Bedeutung, als sich die Märkte von Verkäufermärkten zu Käufermärkten wandelten. Somit hat die Kenntnis des Konsumentenverhaltens große Bedeutung. Gerade im modernen Sozialmarketing kommt der Erfassung der Kundendaten eine Schlüsselstellung zu, denn nur dadurch können das Beziehungsmarketing gestaltet und individuelle Angebote maßgeschneidert werden. Auch für den notwendigen Dialog mit dem Kunden muss die Organisation wissen, wie dieser zu erreichen ist und welche Wünsche er hat. Das Motto dabei lautet: Den Kunden kennen, Kundenbedürfnisse erkennen. Erfolgreiches Relationship-Marketing setzt voraus, dass Ihnen die Bedürfnisse, aber auch die Probleme Ihrer Kunden bekannt sind. Nur so können Sie spezifisch darauf eingehen. Auch hier zahlt sich ein gutes Database-Management aus, durch das Sie Ihre Kunden ganz gezielt persönlich ansprechen können.

Wichtige Fragen sind dabei:

- Wie häufig nutzt welcher Kunde welche Angebote, wann (zuletzt) und wie?

- Wie viel Geld gibt er dabei aus?

- Welche Probleme, Wünsche und Bedürfnisse Ihrer Kunden sind Ihnen bereits jetzt bekannt?

- Welche Probleme, Wünsche und Bedürfnisse Ihrer Kunden sind für diese besonders dringend?

- Was waren die häufigsten Gründe für Beschwerden oder Reklamationen Ihrer Kunden? Welche zusätzlichen Wünsche oder Probleme haben sie dabei geäußert?

- Welches wäre Ihr wichtigstes Problem, wenn Sie selbst zu Ihren Kunden gehörten?

Zielgruppenforschung als A und O des Marketing

Das Herzstück des Marketing ist, den Kunden und sein Umfeld genau zu kennen, um seine Bedürfnisse befriedigen und ihn binden zu können.

Wenn Sie nicht wissen, wer Ihre möglichen zukünftigen Kunden sind, wie und wo sie leben, mit welchen Problemen sie zu kämpfen haben, wie und weshalb sie Ihre Angebote in Anspruch nehmen, können Sie ihnen auch keine adäquaten Angebote machen.

Über Ihre Zielgruppe als potenzielle Abnehmer sollten Sie Folgendes wissen:

- Wer ist meine aktuelle Zielgruppe?

- Wie verhält sich die Zielgruppe, wie lebt und denkt sie, wovon träumt sie, welche Wertvorstellungen, Bedürfnisse und Interessen hat sie, was erwartet sie vom Leben und von Ihrer Organisation?

- Wie erreichen Sie Ihre Zielgruppe?

- Welche Leistungen werden für die Zielgruppe bereits angeboten?

- Wie „kauft" die Zielgruppe und bei wem (inklusive Konkurrenz)?

- Wann, wie oft und warum „kauft" sie?

- Welche ihrer Bedürfnisse befriedigt die Organisation tatsächlich?

- Wo liegen Chancen für weitere Kundenbeziehungen?

- Welche Situationen mit Handlungsbedarf, also Bedürfnisse, können Sie abdecken?

- Wo sitzen die Kritiker/Gegner der Organisation, welche Kennzeichen haben sie, was zeichnet sie aus?

Nicht als Kunden zu vergessen sind auch die Lieferanten, die Mitarbeiter und Freiwilligen sowie die Finanziers und Unterstützer. Diese Zielgruppen stehen zwar im Mittelpunkt des Beschaffungsmarketing, aber sind nicht weniger wichtig als die Kunden, denen Sie Ihre Angebote machen. Auch ihre Eigenheiten, besonderen Merkmale, Gewohnheiten und Vorlieben sollten Sie genau kennen, um entsprechend mit ihnen kommunizieren und die Geschäftsverbindungen optimieren zu können.

Wichtig: Die Nachfrage nach Ihren Dienstleistungen oder Produkten kann von vielen Faktoren abhängen. Diese sollten Sie in Ihr Kalkül bei der Erstellung des Marketing-Konzeptes und bei der Durchführung Ihrer Aktivitäten einbeziehen, wenn Sie nicht an der Zielgruppe, Ihren (potenziellen) Kunden, vorbeiagieren wollen. Marketing heißt, die Ausrichtung der gesamten Aktivitäten auf die Kundenbedürfnisse. Je enger Sie Ihren Markt bzw. Ihre potenzielle Kundschaft auf einzelne Zielgruppen eingrenzen und deren Bedürfnisse beschreiben können, desto erfolgreicher und gelungener werden Sie diese mit maßgeschneiderten Angeboten gewinnen und an sich binden können.

Marketing antizipiert die Wünsche der anderen und richtet sich selbst auf diese Wünsche hin aus. Machen Sie sich intensive Gedanken über diese „Wunschkandidaten", denn Sie werden wohl kaum ein Allerweltsprodukt für jedermann anbieten (wollen). Vielmehr wollen Sie eine ganz bestimmte Zielgruppe ansprechen. Dazu heißt es, diese Personen aus dem Kuchen der gesamten Bevölkerung bzw. der Region, des Stadtteils o. Ä. herauszufiltern und dieses definierte Teilstück genau unter die Lupe zu nehmen. In der Marketing-Sprache bedeutet dies, Zielgruppensegmente zu identifizieren und zu spezifizieren, d. h. gewünschte Kunden zu definieren und diese genauestens zu beschreiben. Nur so können Streuverluste und dadurch Ressourcenverschwendung durch ungenaue, „undifferenzierte" Zielgruppenansprache vermieden werden.

Die harten und weichen Faktoren der Zielgruppensegmentierung

Die Marktsegmentierung ist heute eine Standardstrategie und auch für NPO geeignet. Bei der Marktsegmentierungsstrategie wird der Markt in eng abgrenzbare und möglichst homogene Teilmärkte bzw. Käufergruppen aufgeteilt. Die Zielgruppen werden nach demographischen, psychographischen und geographischen Merkmalen (wie Persönlichkeitsmerkmale, Lebensstil, soziale Schicht, Wohnort o. Ä.) sowie nach verhaltensorientierten Merkmalen gebildet. Dazu gehören Einstellungen, Motive, Verhaltensmuster, Verwendungskennzeichen etc.

Bei der Zielgruppenselektion sind nicht nur „harte" Faktoren (die soziodemographischen Merkmale) wie Geschlecht, Alter, Wohnort, Familienverhältnisse, Haushaltsgröße, Einkommen, Ausbildung, Berufszugehörigkeit etc. zu bedenken, sondern eben auch die „weichen" psychographischen Faktoren wie Lebensstil, Nutzungs- bzw. Spendenverhalten, Erwartungen und Gebrauchsgewohnheiten, Einstellungen und Motive, Sozialstatus, Bildungsgrad, Lebenszyklusabschnitt, Persönlichkeitsmerkmale und andere „Lifestyle"-Faktoren. Der neueste Ausdruck dafür ist die Szenario-Technik, bei der alle den Kauf beeinflussenden Parameter zusammengenommen den Kunden bildhaft und „virtuell" erscheinen lassen.

Von Marktpotenzial, Marktnischen und Marktlücken

Ein wichtiger Begriff, der durch Untersuchungen im Rahmen der Marktanalyse geklärt werden sollte, ist das Marktpotenzial. Gemeint ist damit das Erkennen einer Absatzmöglichkeit in Form einer Markt-lücke oder Marktnische. Ist überhaupt ein Markt vorhanden, wie groß ist der vorhandene Markt (die Möglichkeiten) für Ihr Angebot (Anzahl möglicher Kunden), wie viele Menschen brauchen es, wie hoch ist ihre Kaufkraft, wo liegen ihre Ausgabenschwerpunkte, wie sieht es in Ihrem Einzugsbereich aus, reichen die potenziellen Kunden für Ihr Überleben, welchen Anteil davon deckt schon die Konkurrenz ab, was bleibt für Sie übrig?

Bei der Untersuchung des Marktpotenzials geht es darum, für ein ge-plantes (bzw. vorhandenes) Angebot (neue) Absatzmöglichkeiten auszuloten. Bei den Marktnischen oder Marktlücken werden neue Pro-dukte für vorhandene Märkte entwickelt und vermarktet. Ausgangs-punkt ist die Überlegung: „Was könnten die derzeitigen Kunden (zu-sätzlich) von meiner Organisation beziehen?" Man versucht, den (zusätzlichen) Bedarf der Kunden zu analysieren und zu befriedigen.

Database-Management: Kundenmerkmale festhalten

Wie schon mehrfach angemerkt wurde, sollten Sie die erhobenen Daten, besonders alle relevanten Kundendaten, in einer professionel-len Datenbank speichern, um die Wünsche der Kunden zu kennen und entsprechend darauf reagieren zu können. Ein gutes Database-Management ist notwendige Voraussetzung für erfolgreiches Marke-ting. Besonders zum Einsatz kommen die Kundendaten, wenn Sie „nach dem Kauf" mit ihnen in Kontakt treten wollen, um sie durch individuelle, auf sie zugeschnittene Angebote zu Stammkunden zu machen. Wie dies geht, wird noch unter dem Stichwort Customer-Relationship-Management (CRM) oder Gestaltung der Kundenbin-dungsmaßnahmen beschrieben. Die Organisation selbst kann eine Vielzahl persönlicher Daten über die einzelnen „Adressen" im Sinne von aktuellen und sogar potenziellen Kunden herausbekommen. Besonders wichtig sind hierbei die Daten über bereits in Anspruch genommene Angebote, die Besonderheiten des Ausgabe- und Spen-denverhaltens, Kunden- bzw. Geberprofile, Präferenzen und Verhal-tensweisen. Diese Daten sind Grundlage des „Profiling", das beson-ders wichtig für die Aktivitäten des CRM ist.

Wichtig: Auch mit einem „low-budget" lassen sich individuelle Kundendaten erhalten, auch ohne ethische Grenzen zu überschreiten. Mit kreativen Konzepten können Sie den (potenziellen) Kunden dazu bringen, dass er sich vom quasi unbekannten Kunden zum guten Bekannten entwickelt. Die Bereitschaft zur Auskunft über sich selbst wie auch der Familienangehörigen lässt sich beispielsweise durch das Ausfüllen eines Fragebogens fördern. Name und Geburtstage, Fax- und Telefonnummer, E-Mail-Adresse, Art der Berufsausübung, berufliche Interessen und privates Hobby gehören fast schon zur üblichen Datenerfassung. Natürlich müssen die Bestimmungen des Datenschutzes und die ethischen Grundsätze eingehalten werden. Diese überprüft man am besten durch die selbstgestellte Frage: Wie würde der Kunde beim Anblick der über ihn gesammelten Daten reagieren?

Checkliste: Kundenanalyse

- Wie sehen Ihre aktuellen/typischen Kunden und deren Nutzungsverhalten aus?

- Welche Kunden haben Sie in der Vergangenheit verloren – aus welchen Gründen?

- Welche Kunden haben Sie in der Vergangenheit dazugewonnen – aus welchen Gründen?

- Wer soll Ihr Kunde sein, was soll er bei Ihnen nachfragen, wie viel, wie oft, in welcher Form etc? Definieren Sie Ihren Wunschkandidaten mit allen oben genannten Kennzeichen und Eigenschaften.

- Versetzen Sie und Ihr Team sich bewusst in die Situation dieses Kunden, denken Sie über seine Wünsche, Bedürfnisse, Verhältnisse etc. nach. Welche könnten diese sein?

- Welchen Nutzen bringen Ihre Angebote diesem Kunden?

- Wie sieht Ihr am häufigsten vertretener Kunde aus?

- Worin liegt der Unterschied zu Ihrem Wunschkandidaten?

- Was müssen oder können Sie tun, damit beide sich annähern? Was darf dabei nicht passieren?

- Was hindert Ihre Kunden daran, noch mehr Angebote von Ihnen zu nutzen?

Praxis-Tipp:

Machen Sie sich wirklich ganz genaue Vorstellungen von Ihrer gewünschten Zielgruppe und „personifizieren" Sie diese. Geben Sie Ihrem Wunschkandidaten einen fiktiven Namen, so lässt sich besser eine – wenn auch fiktive – „Beziehung" aufbauen und virtuell auf seine individuellen Bedürfnisse und Wünsche eingehen! Mit dieser Übung wird die reale Gestaltung der Angebote erfolgreicher, weil zielgruppenorientierter.

Konkurrenzanalyse

Für erfolgreiche Marketing-Aktivitäten müssen Sie nicht nur Ihre (aktuellen und potenziellen) Kunden bzw. Ihre angestrebte Zielgruppe kennen; für Ihren Erfolg spielt auch die Kenntnis Ihrer Mitbewerber eine entscheidende Rolle. Sie agieren nicht allein auf weiter Flur, sondern sehen sich einer mehr oder weniger großen Anzahl von „Nebenbuhlern" um die Gunst Ihrer Kunden und solcher, die es noch werden sollen, gegenüber. Sich dem Wettbewerb stellen, fit sein für den Konkurrenzkampf, marktfähige Angebote machen, der Konkurrenz die Stirne bieten, darum geht es beim Marketing, denn Sie teilen den Markt mit Ihren Mitbewerbern.

Konkurrenz ist bei gemeinnützigen Organisationen kein beliebter Ausdruck, man spricht eher verschämt von Mitbewerbern. Aber dieses Wort schützt nicht vor dem harten „survival of the fittest", denn der Bessere gewinnt. Das sind die Gesetze des Marktes, denen Sie sich stellen müssen.

Um was geht der Wettstreit?

Bei der Mitbewerber- oder Konkurrenzbeobachtung werden sämtliche Mitbewerber, die auf ähnliche Bedürfnisse reagieren und vergleichbare Angebote machen (direkte Mitbewerber) untersucht. Sie sollten aber auch alle Organisationen oder Unternehmen, die mit anderen Angeboten auf dasselbe Bedürfnis/Problem der Zielgruppe abstellen (indirekte Mitbewerber) ständig im Auge behalten, denn diese „substitutiven" Konkurrenten zielen auch mit attraktiven Ideen auf den Geldbeutel und die Zeit der Zielgruppe. Dabei darf vor allem

nicht die Konkurrenz der „Wettbewerber" aus dem privatwirtschaft-
lichen Bereich übersehen werden, an deren Angeboten sich die sozialen Anbieter verstärkt messen lassen müssen.

Der Wettstreit geht um Geld, Zeit und Liebe. Ihre Kunden haben
(meist) ein begrenztes finanzielles Budget und nur ein zeitlich begrenztes Stundenkontingent zur Verfügung. Der Kreis Ihrer Mitbewerber
mit vergleichbaren, aber auch anderen Angeboten ist größer, als Sie
erahnen! Lediglich die Liebe wird mehr, wenn man sie hergibt. Was
lernen Sie daraus: Über ein gutes Image lassen sich Kunden am ehes-
ten von der Konkurrenz abwerben. Danach kommt die zeitliche Flexibilität (nicht alle Kurse abends um 20.00 Uhr ansetzen, da fängt das
Kino an). Über den Preis sollten Sie sich eher nicht von der Konkurrenz
abheben, wenn Sie nicht das Image des Billiganbieters riskieren möchten. Über die Gratwanderung der Preispolitik lesen Sie mehr auf
Seite 100.

Den Mitbewerber kennen lernen

Durchleuchten Sie den Markt für Ihre Angebote genau, bringen Sie über
Ihre Konkurrenten so viel wie möglich in Erfahrung, überlegen Sie
besonders, wie Sie Ihre Angebote noch besser und anders als die andern
machen können! Sie sollen die Konkurrenzangebote nicht abkupfern,
sondern Ihre eigene Position auf dem Markt besser einschätzen lernen
und von der Konkurrenz Impulse erhalten, um das eigene unverwechselbare Organisationsprofil besser und klarer herausarbeiten zu können.

Mögliche Informationsquellen

Nutzen Sie sämtliche Wege, um an Informationsunterlagen über Ihre
Konkurrenten zu kommen, bedienen Sie sich dabei auch der Hilfe
Ihres privaten Netzwerkes:

- Sammeln von Anzeigen, Prospekten und anderen Werbemaßnahmen

- Auswertung von Berichten in Tageszeitungen und Fachzeitschriften über neue Angebote, Öffnungen oder Schließungen,
  Personalwechsel, Fachbeiträge

- Bezug von Verbandsnachrichten und anderen Brancheninformationen

- Beobachtung auf Messen, Ausstellungen o. Ä.
- Persönliche Kontakte mit Mitbewerbern auf Veranstaltungen
- Befragung von Teilnehmern, Kunden o. Ä.

Praxis-Tipp:

Binden Sie möglichst viele Menschen in Ihre Konkurrenzbeobachtung mit ein. Bitten Sie sie um aufmerksame Lektüre oder aktive Beobachtung, sammeln Sie so intensiv wie möglich Material. Ein gutes Ablagesystem hilft Ihnen Ordnung zu halten und die Infos abrufen zu können.

Checkliste: Konkurrenzbeobachtung

- Wer sind eigentlich Ihre Mitbewerber?
  - direkte Konkurrenten
  - indirekte Konkurrenz
- Was bietet der direkte, was der indirekte Mitbewerber zu welchen Preisen an?
- Wo und wie bietet der Mitbewerber diese Produkte an?
- Welche Bedürfnisse und Wünsche Ihrer Zielgruppe können Sie besser erfüllen als Ihre Mitbewerber?
- Wie und wo wirbt Ihr Mitbewerber?
- Was macht er einfach besser?
- Warum machen Sie das nicht auch? Wer oder was hindert Sie daran?
- Wo und wie sortieren Sie Material zur Mitbewerber- und Konkurrenzanalyse?

Umfeldforschung

Nutzen Sie jede Gelegenheit, den Zeitgeist zu erfassen und „das Gras wachsen zu hören", auch wenn der Trend auf den ersten Blick (noch) nichts mit Ihrer Organisation zu tun hat. Die Umfeldanalyse dient dazu, sich einen aussagekräftigen Eindruck von den aktuellen Gegebenheiten zu verschaffen, die zu einem nicht unmaßgeblichen Teil für die Organisationserfolge ausschlaggebend sein können.

Besonders folgende Faktoren sollten beobachtet werden:

- Das gesellschaftliche und sozio-kulturelle Umfeld
- Politisch-rechtliche Änderungen
- Technologische Entwicklung
- Ökonomische Aussichten.

Den Zeitgeist erfassen

Gerade das gesellschaftliche Organisationsumfeld (sowohl die Chancen als auch die Gefahren) sollte ständig im Auge behalten werden, um den Kunden lebensweltorientierte Angebote machen zu können. Machen Sie sich über die weltweiten Trends (insbesondere aus den USA kommen viele Impulse) kundig. Beobachten Sie auch die relevanten nationalen oder regionalen Entwicklungen. Studieren Sie Branchentrends und Trendvorschauen mit Aussagen über Gesetzgebung, konjunkturelle, finanzielle und technologische Entwicklungen, Moden und sonstige gesellschaftliche Strömungen, Verhaltensänderungen, soziale Gegebenheiten u. Ä. Nur wenn man das Gras wachsen hört, kann man angemessen auf neue Gegebenheiten reagieren. Die Nase vorn hat nur, wer gut informiert ist, wer weiß, was läuft und was kommt. Auch der Austausch mit Kollegen und anderen Experten gehört dazu. Lesen Sie ruhig auch die Meinungen von „Zukunftsforschern", die den Zeitgeist schon erspüren, wenn er noch nicht zur allgemeinen Mode geworden ist. Nur wer informiert ist, kann die kommenden Entwicklungen aktiv in seine eigenen Marketing-Aktivitäten einbringen.

Die wichtigsten Trends

Die Entwicklung der generellen Nachfrage, aber natürlich auch nach Ihren Angeboten, hängt wesentlich von der Entwicklung der Bevölkerung und von ihrer Kaufkraft ab. Die Kenntnis der Entwicklung und ihrer Richtung verhilft Ihnen zu einer besseren Einstellung und vor allem zu einer schnelleren Reaktionsmöglichkeit auf eine veränderte Nachfrage.

Checkliste: Trendforschung

- Welche Bedürfnisse, Probleme und Wünsche wird Ihre Zielgruppe in Zukunft vermutlich verstärkt haben?
- Wurden Anregungen zur Zukunftsforschung von Ihrem Team ausgeweitet und weitergegeben, steht ein Termin für die Ergebnis-Präsentation fest?
- Gibt Ihr Verband o. Ä. einen „Zukunfts-Report" heraus? Was davon ist interessant für Ihre Einrichtung?
- Wie lassen sich die Ergebnisse umsetzen, ehe es die Konkurrenz tut?

Standortanalyse

Die Wahl des richtigen Standortes kann entscheidend für die Erfolge einer NPO sein. Gibt es genügend Nachfrager in der Gegend, wie stark ist hier die Konkurrenz, wie steht es mit der Erreichbarkeit für die Kunden? Diese und noch viel mehr Fragen gilt es zu klären, wenn eine Organisation sich niederlassen möchte, eine Außenstelle errichtet werden soll, oder wenn die Suche nach einem neuen Domizil erforderlich wird. Nicht für alle gemeinnützigen Organisationen haben die Standortfragen Relevanz. Dennoch sollten Sie sich überlegen, ob Ihr Standort für alle Kunden richtig gewählt ist, ob er ihren Wünschen entspricht oder bei passender Gelegenheit überdacht und geändert werden sollte.

Eine grundlegende Standortanalyse, beispielsweise vor der Suche nach einem optimalen Platz, soll Antwort auf folgende Fragen geben:

- Wie groß ist das Einzugsgebiet?

- Wie sieht die zukünftige Entwicklung aus (geplante Gewerbe- oder Wohngebiete, Großvorhaben der Kommune etc.)?

- Wie hoch ist die Kaufkraftkennziffer?

- Ist die relevante Zielgruppe genügend repräsentiert?

- Wie sieht die allgemeine Bevölkerungsentwicklung aus?

- Welche Betriebe, Mitbewerber und wichtige Versorgungseinrichtungen gibt es?

- Was fehlt generell an Angeboten, was ist überreichlich vorhanden?

- Besteht genügend Kunden-Potenzial für das Angebot?

- Ist einschlägiger Bedarf vorhanden?

- Passt das vorgesehene Leistungsangebot zur Bevölkerungsstruktur?

- Welche Einschränkungen (Auflagen, Niederlassungsbeschränkung) gibt es vor Ort?

- Wie steht es mit der Verkehrsanbindung?

Wichtig: Neben kunden-, kaufkraft- und konkurrenzspezifischen Daten sollten Sie auch Kosten, Möglichkeiten zur Gewinnung von Personal und Materialien, politische Verhältnisse und regionale Besonderheiten erfassen und beachten.

Faktoren der Standortwahl

Zu den wichtigsten Standortfaktoren gehören Kundennähe durch gute Erreichbarkeit bzw. Verkehrsanbindung, Akzeptanz der Gegend, Parkplätze, Infrastruktur durch gute Ausstattung und Lage, Konkurrenzverhältnisse (einzige Einrichtung der Art bzw. alle Mitbewerber auf einem Fleck), behördliche Auflagen und Beschränkungen sowie Kostenstruktur durch Miete, Steuern, Gebühren. Diese Punkte lassen sich als die fünf K der Standortwahl darstellen:

- Kontakte: Sind Sie auf eine Laufgegend mit vielen Kundenkontakten angewiesen oder eher auf eine ruhige (Rand-)Lage?

- Kunden: Kommen die richtigen Kunden bei Ihnen vorbei, wollen die Kunden überhaupt in diese Gegend?

- Konkurrenz: Gilt „Konkurrenz belebt das Geschäft" oder wollen Sie „exklusiv" vertreten sein?

- Kooperation: Gibt es die Möglichkeit zu Gemeinschaftswerbung bzw. Zusammenarbeit?

- Kosten: Wie hoch sind Miete und Nebenkosten?

Checkliste: Gegebener Standort

- Wie kam es zu diesem Standort?

- Welche Standortfaktoren erweisen sich als positiv? Welche haben negative Auswirkungen auf Ihren Erfolg?

- Was lässt sich dagegen tun?

- Warum wurde noch nichts unternommen, um einen besseren Standort auszuwählen?

- Was würden Sie anders machen, wenn Sie einen anderen Standort aussuchen könnten, beispielsweise für eine neue Außenstelle?

- Welche Punkte des Standortes und seiner zukünftigen Entwicklung haben Sie schon untersucht? Welche Punkte fehlen noch?

---

2. Festlegen der Organisations- und Marketingziele

Wer sich nicht selbst aktiv über Ziele steuert, wird in der Regel durch Vorgaben und Zwänge von außen gesteuert! Nur wer das Ziel kennt, kann es auch treffen. In diesem wichtigen, weil grundlegendem Aufgabenbereich geht es darum, Ziele für die Organisation als Ganzes, besonders aber für die Marketing-Aktivitäten, festzulegen. Zielbestimmungen werden im NPO-Bereich als nicht ganz so einfach wie bei Wirtschaftsunternehmen angesehen, denn der Gewinn als Oberziel, als so genannte „Sachziel-Dominanz", fällt weg. Trotz Schwierigkeiten bei Zielbestimmungen einer gemeinnützigen Organisation gilt der Grundsatz: „Wer nicht weiß, woher er kommt und wohin er will, braucht gar nicht erst losgehen, denn er kommt ganz woanders an!"

Am Anfang steht die Vision

Organisationsanalysen und Leitbilddiskussionen haben Hochkonjunktur, bleiben aber vielfach in der Umsetzungsphase stecken. Besonders, wenn sie dabei nicht durch Coaching begleitet werden.

Die Vision, die grundlegende Leitidee dient als maßgeblicher Ausgangspunkt aller Organisations-und Marketingziele. Mit magnetischer Kraft soll die Leitidee die Organisation zum Ziel führen.

Erste Fragen dazu sind:

- Wo kommen wir her, was war die Grundidee bei der Organisationsgründung, wo wollen wir hin, welche Visionen treiben uns dazu?
- Was wollen wir wo, in welchem Zeitraum, mit welchem Ergebnis für wen erreichen?
- Wie können wir unsere Organisationsziele in markanten „Mission Statements" ausdrücken und als Marketingziele formulieren?
- Wie stellt sich unser Leitbild in Wort, Bild und Schrift dar?
- Sind die Ziele auch mit realistischen Zahlen untermauert?

„Ziele sind Träume mit Terminen"

Festgelegte Ziele motivieren zu Leistungen, dienen als „beflügelnde" Verstärker, geben eine gewünschte Richtung vor. Fehlen Ziele, so fehlt auch die Orientierung. Visionen sind wichtige Richtungsgeber, sie sollten in einem präzisen, so genannten Mission Statement („Weshalb es uns geben muss") festgelegt sein. Die Mission drückt als Leitbild das Selbstverständnis nach innen und außen aus. Dies bewirkt Klarheit, Transparenz und Akzeptanz, schafft Vertrauen, fördert die Identifikation und wirbt Kunden und Unterstützer aller Art. Das Leitbild zieht sich wie ein roter Faden durch sämtliche Aktionen. Es zeigt die Wünsche, Hoffnungen, Vorstellungen der gesamten Organisation und geht in die Corporate Identity ein. Diese dient gleichsam als Klammer um alle Mitarbeiter zur Stärkung des „Wir-Gefühls" nach innen und außen.

Corporate Identity

Die Corporate Identity als ganzheitliche Organisationsphilosophie bildet sich durch drei Komponenten, die von der Organisation zum größten Teil bewusst initiiert und gesteuert werden können.

- Corporate Design (CD) als möglichst einheitlich gestaltetes Erscheinungsbild wie Hausfarben, Schrift, Design, Formulare, Briefpapier, Architektur, Signets, Bekleidung

- Corporate Behavior (CB) als Verhalten (Umgangston gegenüber Mitarbeitern und Kunden, gesellschaftliches Engagement, Führungsstil etc.)

- Corporate Communications (CC) als schriftliche und mündliche Kommunikation in Werbematerialien, Gebrauchsanweisungen, Messeauftritten o. Ä.

Leitbild als Credo der Organisation

Das Leitbild leitet die NPO auf ihrem Weg zum Ziel und gibt Antwort auf folgende Fragen:

- Welcher Auftrag geht aus Ihrer Vision hervor, welche Mission wollen Sie erfüllen?

- Was macht Ihre Arbeit so unverzichtbar?

- Wie und wohin sollte sich Ihr „Geschäft" entwickeln?

- Welches sind die für Ihre NPO erstrebenswerten Erfolge?

- Welche Märkte, welche Kundensegmente sollen bedient werden?

- Welche Produkte sollen angeboten werden?

Was bestimmt das Leitbild?

Ein Leitbild setzt sich aus vielen Facetten zusammen und unterliegt einem Entwicklungsprozess. Das Leitbild wird einerseits gestaltet durch den gezielten Einfluss auf die Corporate Identity. Zum andern wird sie geprägt durch nicht oder nicht mehr beeinflussbare Faktoren wie die Geschichte der Organisation oder das „menschliche" Verhalten der Mitarbeiter.

Insbesondere folgende Faktoren wirken auf das Leitbild ein:

- Die Organisationsgeschichte, die Organisationstradition: Ohne Herkunft keine Zukunft! „Legenden" über die Situation der Gründung, die Gründerperson oder auch bewältigte Krisen sind ein wichtiger Bestandteil, sofern sie positiv und interessant sind

- Die Einstellungen der jetzigen Verantwortlichen, ihre unternehmerischen und gesellschaftspolitischen Ziele und Strategien

Die vier Grundaufgaben des strategischen Marketing

- Die Vision(en) als langfristige Zukunftsperspektive
- Die Art und Qualität der Angebote und Leistungen
- Sprachregelungen für den Umgang mit Mitarbeitern, Kunden und Interessierten
- Arbeitsgewohnheiten, Umgangsformen, Sitten und Rituale, Statussymbole, „ungeschriebene Gesetze"
- Das gesellschaftliche Umfeld, auf das reagiert wird
- Die vorhandenen Ressourcen und der Umgang mit ihnen
- Spezifische (Kern-)Kompetenzen, die den Wettbewerbsvorteil ausmachen (können).

Konkrete Marketingziele

Der Weg ist beim Marketing nicht das Ziel, sondern handfeste definierte Größen. Marketingziele beschreiben jene angestrebten zukünftigen Sollzustände, die durch den Einsatz der Marketing-Instrumente realisiert werden sollen. Dabei muss sowohl an die zukünftigen Marktmöglichkeiten als auch an den vorhandenen Ressourcen der Organisation angeknüpft werden. Diese Ziele bestimmen den Kern Ihres zukünftigen Handelns und sind die Eckpunkte Ihres Marketing-Konzeptes. Die Festsetzung von Marketingzielen darf keine verschwommene Sache sein; Sie und Ihr Team müssen vielmehr exakt darlegen, wie die Ziele aussehen. Es müssen Zielvereinbarungen getroffen werden, auch für einzelne Teilbereiche, an denen sich Erfolge messen lassen. Überprüfen Sie die Ziele auch auf Realitätsbezogenheit, Lebensweltorientierung, Durchführbarkeit (Ressourcen!, auch finanzielle), Akzeptanz, Kompatibilität etc.

Grundidee bei Organisationsgründung
↓
Leitbild und Corporate Identity
↓
Mission Statements
↓
Organisationsziele
↓
Marketingziele

Kennzeichen von aussagekräftigen Zielen

Ziele sind Aussagen über einen angestrebten Zustand. Sie sollten folgende Kriterien und Eigenschaften erfüllen, wenn sie zu einem optimalen Ergebnis führen sollen:

- handhabbar sein, damit sie umgesetzt werden können

- präzise formuliert und inhaltlich eindeutig festgelegt sein, damit sie Grundlage für Entscheidungen sein können

- beziffert und messbar sein, damit sie kontrollierbar sind

- zu einem festgesetzten Zeitpunkt erreichbar und terminiert sein, damit der Erfolg bestimmt und die Zielerreichung kontrolliert werden kann

- schriftlich dargelegt sein nach dem Motto: Wer schreibt, der bleibt!

- sie müssen zueinander passen und dürfen sich nicht widersprechen (Konsistenzprinzip).

Von Grobzielen und Feinzielen, von quantitativen und qualitativen Zielen

Die konkrete Zielfindung ist zweistufig. In einem ersten Schritt werden Grobziele definiert, die in einem zweiten Schritt als Feinziele präzisiert werden müssen. Diese Feinziele verdeutlichen, ergänzen oder modifizieren die ersten Vorgaben mit den notwendigen Daten wie Zeitpunkt, Menge, Anzahl, Verantwortlichkeit etc.

Eine weitere Einteilung der Vorgaben ist die in quantitative und qualitative Ziele. Quantitative Ziele sind zahlenmäßig messbare Größen. Sie sollten in konkreten Zahlenvorgaben, d. h. mit genauer Bezifferung benannt werden: Verdoppelung, bestimmter Prozentanteil. Dabei sollten Sie den Zeitraum bzw. Zeitpunkt nicht vergessen, bis wann dieses Ergebnis eintreten soll, und dabei auch schon an die Evaluation denken! Bei den qualitativen Zielen geht es um eine Verhaltens- oder Einstellungsänderung. In der Praxis wird meist eine Kombination von quantitativen und qualitativen Zielen angestrebt.

Beispiele:

- ■ Quantitative Marketingziele
- – Erhöhung der Teilnehmerzahlen um oder auf …
- – Ausweitung der Mitgliederbasis um/auf
- – … Besucher bis …
- – Ein um … höheres Spendenaufkommen
- – Aufstockung der Durchschnittsspende auf …
- – Erhöhung des Marktanteils auf …
- – Umsatzplus von …
- – Verringerung der Verwaltungskosten um …
- – Ausweitung des Kundenstammes auf …
- – Erhöhung des Bekanntheitsgrades der Organisation auf … %

- ■ Qualitative Marketingziele
- – Verbesserung des Images in Richtung …
- – Stärkung der Kundenbeziehung bei …
- – Ausbau der Marktkenntnisse über …
- – Steigerung der Motivation der Mitarbeiter, erkennbar durch …
- – Optimierung der Qualität der Angebote in Richtung …

Praxis-Tipp:

Überprüfen Sie ehrlich und genau die Zielsetzung Ihrer Organisation auf Präzision und Terminierung der Vorgaben.

- ■ An welchen Größen könnten Sie Ihre Marketingziele festmachen?
- ■ Welche wurden formuliert?
- ■ Wie präzise sind die Vorgaben?
- ■ Sind konkrete Zeiten festgelegt?
- ■ Woran erkennen Sie, ob und wann die Ziele erfüllt wurden?

3. Das besondere Profil der Organisation

Die Positionierung über ein unverwechselbares Profil der Organisation ist ein bedeutender Erfolgsfaktor für den Wettbewerbsvorteil. Je vergleichbarer die Angebote auf dem Markt werden, desto notwendiger wird diese unverkennbare Profilierung, um als Organisation dem Interessenten und Kunden aufzufallen und damit positiv in Erinnerung zu bleiben.

Positionierung muss aktiv angestrebt werden, denn sie bedeutet, eine eindeutige Position zu beziehen und dies nach innen wie außen zu kommunizieren. Die Positionierung schafft durch die Manifestierung des Besonderen entscheidende Markt- oder Wettbewerbsvorteile und muss daher so ausgefeilt werden, dass sie der Organisation durchschlagende Überlegenheit verschafft. Der potenzielle Kunde muss klar erkennen, um was es einer Einrichtung geht, wofür sie steht, was sie erreichen will, welche Lösungen sie sich ausgedacht hat, wer sich mit ihr identifizieren soll, wen sie ansprechen möchte, um sich positiv gegenüber den Mitbewerbern auf dem Markt unterscheidbar zu machen. Alle Wege zur Positionierung müssen eine stimmige Linie zeigen.

Mögliche Ansatzpunkte der Positionierung

Das Schlagwort hat mehrere Komponenten oder Ansatzpunkte. Einmal ist damit die bewusste Besetzung eines bestimmten Zielgruppensegmentes (Jugendliche, Senioren, Frauen, innovative bzw. traditionsbewusste Angebote o. Ä.) gemeint. Zur Positionierung gehört auch das Bemühen einer Organisation, die Hauptvorteile von Angeboten als „Benefit" (bessere Nutzenbefriedigung oder Problemlösung) im Bewusstsein der Kunden zu verankern. Die Positionierung als „Wertpositionierung" gilt als der Schlüssel zum Strategischen Marketing. Sie bringt die Werte für den Kunden auf den Punkt und verschafft ihnen Zugang zu ihren Köpfen und Herzen.

Eine deutlich erkennbare Organisationsidentität ist ganz besonders (überlebens-)wichtig. Neben der Wahl der erwünschten Zielgruppe als das deutliche Besetzen eines definierten Segmentes sind das angestrebte Image, die Preispolitik, aber auch Produkt- und Servicepolitik mögliche Wege der Positionierung. In der Praxis geschieht die Positionierung über eine Mischung aus diesen Ansatzpunkten, dem so genannten Alleinstellungsmerkmal. Mit Hilfe der Kommunikationspolitik werden die Botschaften und emotionalen Erlebniswerte an Kunden und Interessenten vermittelt, um sich merklich von den Wettbewerbern zu unterscheiden.

Positionierung über das Alleinstellungsmerkmal

Eine grundlegende Aufgabe besteht darin, das besondere, unvergleichliche, unverwechselbare und außergewöhnliche Profil der Organisation deutlich herauszuarbeiten, das nur Ihre Organisation allein hat und das sie (mehr oder weniger) pointiert von den anderen unterscheidet, womit sie „allein gestellt oder positioniert wird". Das Alleinstellungsmerkmal oder Unique-Selling-Proposition (USP) ist das „einzigartige Verkaufsversprechen", das einmalige, spezifische Kennzeichen, das als Kurzformel die besondere Botschaft Ihrer Organisationsphilosophie transportiert.

Die Alleinstellung über eine „herausragende" Eigenschaft macht Ihre Angebote und Leistungen im Vergleich zum Wettbewerber charakteristisch und damit auch unverwechselbar. Dieses „einzigartige Verkaufsargument" gilt intern wie extern als Wettbewerbsvorteil und muss entsprechend kommuniziert werden. Durch die „Alleinstellungsformel" soll sich die NPO positiv von den Mitbewerbern unterscheiden, das Angebot zu den Mitbewerbern am Markt abgrenzen, es besonders hervorheben und sich so unterscheidbar machen.

Im USP eingeschlossen ist die Aussage über die Qualität der Botschaft: Alles anders als die anderen – dazu besser – zu machen. Diese „Botschaft der Einzigartigkeit" (auffallend gut, hervorragend) muss durch flankierende Maßnahmen wie Slogan oder Markenzeichen (Logo, Signet) ausgedrückt bzw. untermauert werden. In allen Worten und Taten, visualisiert, gedruckt oder gesprochen, muss das Alleinstellungsmerkmal wie ein (Wieder-)Erkennungszeichen auftreten.

Aussagen wie innovativ, billig, traditionsbewusst, für Reiche, christlich geprägt, für jedermann, kämpferisch, feministisch, qualitätsbewusst o. Ä. müssen natürlich auch praktisch umgesetzt werden.

Achtung: Das Alleinstellungsmerkmal ist nicht für die Ewigkeit gemacht. Vertrauen Sie nicht auf die ewige Gültigkeit Ihrer Besonderheit. Beobachten Sie gut Ihre Wettbewerber und bereiten Sie sich darauf vor, mit geeigneten Reaktionen Ihre einzigartige Position zu verteidigen.

Einzigartigkeit über besondere Kennzeichen

Die zentrale Botschaft des Alleinstellungsmerkmals sollte als „besondere Kennzeichen" primär das Gefühl der potenziellen und tatsächlichen Kunden ansprechen, denn der „Hang zur Exklusivität" ist weit verbreitet. Stellen Sie Ihre Organisation und deren Angebote auf den Prüfstand, um Eigenschaften herauszufinden, die folgende Kriterien erfüllen: unvergleichlich – außergewöhnlich – spezifisch – unverwechselbar – leicht erinnerbar – Identifikationsmöglichkeit bietend – herausragend/hervorragend – einzigartig – charakteristisch – einmalig – unterscheidbar – auffallend – exzellent – ausgezeichnet.

Der Benefit als Versprechen eines spezifischen Nutzens

Diese besonderen Kennzeichen zur „Uniqueness" (Einzigartigkeit) des Alleinstellungsmerkmals werden flankiert vom Benefit als weiterem Ansatzpunkt.

Jedes Angebot muss dem potenziellen Kunden ein Benefit-Versprechen machen, eine Zusicherung mit der Aussage, etwa „Kaufe dieses Produkt – und du wirst genau diesen genannten spezifischen Nutzen daraus ziehen." Das Versprechen muss eines sein, das die Konkurrenz nicht bieten kann oder nicht anbietet.

Beschreiben Sie den Benefit nicht nur nach seinen rationellen oder rationalen Gründen, sondern auch danach, welche Gefühle das Produkt beim Kunden auslöst. Es heißt, bei einer Kaufentscheidung gibt der Verstand nur zu $^1/_7$, das Gefühl aber zu $^6/_7$ den Ausschlag für einen bestimmten Anbieter. Sprechen Sie bewusst diese $^6/_7$ an, um die Alleinstellung über emotionale Erlebniswerte zu erreichen.

Das die Kaufhandlung auslösende Versprechen muss so überzeugend und stark sein, dass es Menschen bewegt, zu Kunden zu werden. Dazu muss es kurz und bündig bzw. prägnant „auf den Punkt" gebracht werden. Und es muss die Menschen anregen, sie ansprechen und „abholen", ihnen einen Kick versetzen, der sie zur erwünschten Handlung animiert.

Alleinstellung als entscheidender Wettbewerbsvorteil

Im Mittelpunkt der Kommunikationspolitik steht die Vermittlung des sichtbaren, hörbaren und lesbaren Ausdrucks der Leitidee und des Alleinstellungsmerkmales Ihrer Organisation. Durch das Herausstellen des besonderen Profils will die Organisation sich gegenüber den Mitbewerbern hervorheben, um als einzigartiger Anbieter erkannt zu werden und dadurch Kunden zu gewinnen.

1. Dazu sollte es auf den eigenen Stärken aufbauen und dort ansetzen, wo die Konkurrenten schwach sind.

2. Es muss eng auf die Kundenbedürfnisse angelegt sein.

3. Das Alleinstellungsmerkmal muss als solches wichtig für den Kunden sein.

4. Es muss als solches vom Kunden auch bemerkt, erfasst und begriffen werden.

5. Es muss nachhaltig (auf Dauer angelegt) und dauerhaft (beständig) sein, d. h., dass der Vorteil vom Konkurrenten nicht so schnell einholbar sein darf.

6. Es darf also nicht leicht nachzuahmen oder zu ersetzen sein.

7. Konzentrieren Sie sich auf einen, auf jeden Fall wenige Merkmale, über die Sie den Wettbewerbsvorteil definieren.

8. Benutzen Sie für die Formulierung einfache und eingängige Schlüsselbegriffe.

Mögliche Ansatzpunkte des Alleinstellungsmerkmals in der Praxis

Auf der Suche nach einer konkreten Positionierung über das Alleinstellungsmerkmal sollte die Organisation etwa die folgenden Möglichkeiten als Ansatzpunkte der Anspruchsbegründung prüfen. Lassen Sie sich durch die Beispiele inspirieren; diese können nur als erste Anregung dienen.

Beispiele:

- Produkteigenschaften oder Bestandteile des Angebotes wie Material, Rohstoffe, Qualität: z. B. ökologisches Essen, beste Zutaten, nur Bio-Materialien, großzügige Räume, besondere Sorgfalt in der Herstellung, bestimmte Qualifikationen der Mitarbeiter, mit Spitzen-Referenten, etc.

- Besondere Zusatzangebote: Schwimmbad im Hause, Getränke ohne Aufpreise, Fremdsprachenunterricht im Kindergarten, umfangreiche Seminar-Unterlagen, Abhol- oder Bringservice, geöffnet auch am Wochenende/Ferien, Gratisverpflegung o. Ä.

- Mit besonderen Kennzeichen: älteste NPO am Ort, führend seit 100 Jahren, besondere Lage oder Ausstattung, mit berühmten Gästen, Kunden, Unterstützern oder Teilnehmern o. Ä.

- Spezielle Verfahren, Technologie, Know-how, besonderer Lösungsansatz in Therapie oder Problemlösung: legitimiert durch Erfahrung, auf dem neuesten Stand der Ausbildung, fortschrittliche/innovative Methoden, bedeutsame Ausbildungsmethoden oder „Schulen" wie „Montessori" und dergleichen

- Durch das Angebot eines größeren Nutzens, Mehrwerts, Wirkung oder Ergebnis als vergleichbare Anbieter: größere Wirkungskraft, zentralste Lage, bestes Ergebnis bei Test, schnellste Erfolge durch etc.

- Für bestimmte Zielgruppe (Anwendung oder Anwender): bestes Seminar für Ehrenamtliche, erfolgreichster Computerkurs für Grafiker, schnellste Schulung für Mütter

- Über Wettbewerber: besser als Konkurrenz (Vorsicht, vergleichende Werbung zwar seit neuestem erlaubt, aber nicht unbedingt zu empfehlen)

- Über die Produktkategorie: Branchenführer bei …

- Über den Preis: mit dem besonders guten bzw. preiswerten Angebot … (Gefahr von Imageverlust als Billiganbieter!)

Checkliste: Alleinstellungsmerkmal

- Nehmen Sie sich im Team vor, in Zukunft bewusster auf Werbebotschaften aller Art zu achten, um einen Blick auf das ausformulierte besondere Profil zu erhalten. Wer macht mit?

- Legen Sie eine Sammlung guter Beispiele, auch aus dem Profit-Bereich an! Jeder/jede soll Beispiele bringen, sie können als wertvolle Anregung dienen. Wer sammelt diese Beispiele?

- Wo und wie wird die Sammlung dokumentiert und ausgewertet?

- Wie wär's mit einem Brainstorming für Ihr Alleinstellungsmerkmal, worauf könnte dies basieren?
  - Worin besteht die einzigartige Leistung? (Die konkreten Ansatzpunkte nennen)
  - Wie unterscheidet sich das Angebot von den anderen, was ist das Besondere daran?
  - Wie kann die Umsetzung in Benefits als besonderer Nutzen oder Vorteil für den potenziellen Nachfrager erfolgen?

---

4. Der Marketing-Plan

Planungen und Prognosen sind nur dann möglich, wenn man das Zurückliegende versteht und auf dieser Basis das Zukünftige richtig einschätzt. Für die Marketing-Strategie ist es wichtig, entfernte Dinge so zu betrachten, als wären sie ganz nah, und die nahen Dinge distanziert zu betrachten.

Nach der gründlichen Analyse nach innen und außen, nach der Festlegung der Organisations- bzw. Marketingziele und der Beschreibung des besonderen Profils der Einrichtung sollte nun eine Zusammenfassung der Ergebnisse in die Teilbereiche eines verbindlichen Marketing-Plans stattfinden.

Erfolg ist eine Frage der richtigen Strategie

Strategie bedeutet den Einsatz der vorhandenen Kräfte gemäß einer längerfristigen Zielsetzung. Planen bedeutet, Schritte auf dem Weg zum Ziel zu bestimmen. Zum Planen gehört, Analysen zu erstellen, die

Ergebnisse abzuwägen und entsprechende Konsequenzen zu ziehen. Das Wesentliche des Planens besteht darin, die richtigen Entscheidungen vorzubereiten. Durch einen systematisch erarbeiteten, faktenfundierten und weitsichtigen Strategieplan sichern Sie sich Potenziale, die letztlich Ihren Erfolg ausmachen. Sie sind dadurch für akute Krisen und Chancen gerüstet und können rechtzeitig und wirksam darauf reagieren.

Die Marketing-Strategie als mittel-langfristig wirkende Grundsatzentscheidungen mit Instrumentalcharakter definiert den Weg, mit dem die Ziele realisiert werden können, und stellt sicher, dass alle Marketing-Instrumente zielgerichtet eingesetzt werden. Durch sie erfolgen Ausrichtung und Kanalisierung nachgeordneter Entscheidungen und Maßnahmen des Marketing-Mix. Im Vordergrund stehen dabei folgende Positionierungen:

- Auf welchen Märkten ist die Aktivität geplant?
- Welcher Kundennutzen soll angeboten werden?
- Wie ist das Verhalten gegenüber der Konkurrenz geplant?
- Welche Zielgruppen sollen angepeilt werden?

Gut geplant ist halb gewonnen

Marketing bedeutet, nichts dem Zufall zu überlassen. Alle erfolgreichen Marketing-Aktivitäten beginnen mit einem gut durchdachten, zielgerichteten und ergebnisorientierten Plan. Ein Plan ist nicht alles, aber alles ist nichts ohne einen Plan. Improvisation ist gut, Planung ist besser! Planen heißt, heute schon darüber zu entscheiden, was in der Zukunft geschehen soll. Darunter ist die Vorausbestimmung der künftigen Ziele und der für die Zielerreichung künftig einzusetzenden Mittel zu verstehen. Aus der Planung werden die Richtlinien für das Verhalten der Organisation abgeleitet. In der Gegenwart muss entschieden werden, was dabei in Zukunft zu tun ist. Es heißt zwar, man solle die Dinge so nehmen, wie sie kommen, aber Marketing bedeutet, dafür zu sorgen, dass sie so kommen, wie man möchte.

Planung ist weder bürokratisch noch lästig, die dazu gehörende Kontrolle ist weder Misstrauen noch Überwachung. Sie ist vielmehr als intensives, detailliertes und kontinuierliches Vorgehen dringend erforderlich. Planungsdaten müssen eindeutig formuliert, operationalisierbar und schriftlich fixiert sein. Planung ist ein permanenter Prozess, um sich an die geänderten Umfeldbedingungen anzupassen, der Plan muss ständig aktualisiert werden. Die strategische Marketing-Planung ist langfristig auf mehrere Jahre hin orientiert; die operative Marketing-Planung befasst sich mit den kurzfristigen Aktionsprogrammen innerhalb eines Jahres.

Vorteile eines Marketing-Plans

Erfolgreiches Handeln ergibt sich aus einer klaren Vorstellung. Dies ist das deutliche Bild von dem, was Sie tun müssen. Konkrete Ziele zu erarbeiten und exakte Planung schaffen diese Klarheit. Der Vorteil ist auch, dass Sie alles in einem größeren Zusammenhang sehen und dadurch besser Schwachstellen erkennen können. Ebenso lassen sich Ihre Ziele, Absichten und Träume für externe Berater, Geldgeber etc. in konkreten Handlungsschritten dokumentieren sowie intern für Sie selbst in detaillierte handhabbare Einzelaufgaben umsetzen.

Wichtig: Der Marketing-Plan muss für alle Interessierten nachvollziehbar sein und in schriftlicher Form, also schwarz auf weiß, vorliegen. Durch die schriftliche Erstellung eines Planes werden Sie gezwungen, Ihre Zielvorstellungen zu konkretisieren und Ihre Planungen exakt aufeinander abzustimmen. Durch das Grundgerüst der Checklisten wird nichts vergessen und das in alle Aktivitäten integrierte und abgestimmte (konsistente) Marketing „aus einem Guss" ermöglicht.

Auf die Notwendigkeit, ein ganzheitliches Konzept zu erstellen, um wirkungsvolle Ergebnisse erzielen zu können, wird nach Beschreibung der fünf Marketing-Instrumente hingewiesen. Dieser operative Bestandteil des Marketing muss sinnvoll mit den Ergebnissen der strategischen Basisarbeiten zu einem Ganzen zusammengefügt werden.

Der Marketing-Plan als Grundlage für den nachhaltigen Erfolg

- Strukturierung zukünftigen Vorgehens

- Fixierung von Plänen

- Verbindung vieler kleiner Ideen zu einem Gesamtentwurf

- Beschreibung des Rahmens geplanter Aktivitäten

- Erfassung von Maßnahmen, die zur Zielerreichung notwendig sind

- Nachvollziehbarkeit des Plans für alle Interessierten

- Interner „Arbeitsbefehl" mittels konkreter Zielvorstellungen

- Übersicht, die ein stimmiges und schlüssiges Umsetzen garantiert

- Erkennen von Schwachstellen

- Interne Handlungsanleitung, Checkliste und roter Faden

- Arbeitsgrundlage für externe Kooperationspartner

Wichtig: Wenn Sie diese vier grundlegenden Aufgaben erledigt haben, haben Sie das Fundament für den Erfolg Ihrer NPO gelegt. Sie kennen hiermit die notwendigen Voraussetzungen am Markt, wissen, welche Ziele die Organisation anstrebt und was sie Besonderes zu bieten hat und haben die Ergebnisse im Marketing-Konzept festgehalten. Mit diesen erfüllten Grundaufgaben können Sie den weiteren Schritt gehen und das Marketing-Instrumentarium erarbeiten, um die gesteckten Ziele zu erreichen.

Das Instrumentarium des operativen Marketing: Der Marketing-Mix

4

1. Grundsätzliches zum operativen Marketing

Im nächsten Schritt geht es um die operative Marketing-Praxis, d. h. darum, die strategischen Grundarbeiten durch operative Maßnahmen zu ergänzen. Damit kommen wir von der Strategie zur Taktik, zum Einsatz der möglichen Tools, die eine Organisation zur aktiven Beeinflussung des Marktes nutzen kann. Marketing ist weit mehr als nur Werbung! Grundsätzlich stehen einer NPO dazu sehr viele Möglichkeiten, Kombinationen und Varianten offen, um Einfluss auf die Entscheidungen der Kunden zu nehmen.

Grundfrage des angewandten Marketing ist immer:

- welche Personen kann ich

- mit welchem Angebot/Produkt

- zu welchem Preis

- über welche Platzierung/Art der Kontaktaufnahme

- mit Hilfe welcher PR als Kunden gewinnen und

- und mit welcher persönlichen Betreuung an meine Organisation binden?

Aus diesen Fragen ergeben sich die fünf Instrumentarien des Marketing-Mix.

Der Marketing-Mix enthält die von Ihnen angebotene Leistung, die Kosten für den Kunden, den Ort, an dem Ihr Kunde zu der Verbindung treten, sowie die Wege, wie Sie den Kunden betreuen und an Ihre Organisation binden. Der Marketing-Mix ist ein Schlüsselbegriff im Marketing und leistet als Handlungsgerüst, Aktionsprogramm, Maßnahmenkatalog oder als Art Checkliste wertvolle Hilfestellung bei der Planung der praktischen Angebotsarbeit und deren besseren Absatz. Die einzelnen Bestandteile des Marketing-Mix sollten bei jeder Aktivität auf Einsatzmöglichkeit überprüft werden. Diese einzelnen Instrumente werden im Folgenden entsprechend ihrer Wirkungsweise charakterisiert und systematisiert.

Der Marketing-Mix als Puzzle

Beim erfolgreichen Marketing reicht es nicht, die einzelnen Marketing-Elemente mal hier, mal da einzeln einzusetzen. Erst wenn die Instrumente in einen schlüssigen und stimmigen (konsistenten) Marketing-Plan eingebunden sind, entfalten sie nachhaltige Wirkung, ganz nach dem Motto: „Das Ganze ist mehr als die Summe der Einzelteile". Die Mischung machts!

Zu diesem ganzheitlichen, konzeptionellen Marketing-Ansatz gehört die Fähigkeit, vernetzt zu denken, aus den einzelnen Aktivitäten ein schlüssiges Gesamt-Konzept zu erstellen und darauf eine wirksame Strategie aufzubauen. Alle Bestandteile der fünf Instrumente müssen kombiniert und koordiniert zum Erreichen des Organisationserfolges eingesetzt werden, um voll als „Marketing aus einem Guss" zur Geltung zu kommen. Der Marketing-Mix ist wie ein Puzzle, die Stücke müssen zueinander passen und ergeben nur insgesamt ein funktionierendes Ganzes, einen Sinn bzw. nachhaltigen Erfolg.

Die fünf P des Marketing-Mix

Traditionell gibt es in der BWL vier Instrumente, die „four p" des „absatzpolitischen Instrumentariums": product, price, placement und public relations. In diesem Buch stelle ich Ihnen neben diesen traditionellen Instrumenten Produkt, Preis, Platzierung und PR unter dem Begriff „persönliche Beziehung" ein weiteres Instrument vor.

Modernes Sozialmarketing ist mehr als Öffentlichkeitsarbeit oder Werbung, es ist vielmehr ein beziehungsorientierter Ansatz, der durch die aktive Gestaltung der Marketing-Instrumente realisiert wird. Die aktuelle Marketing-Diskussion kreist um die Intensivierung der Kundenbeziehung durch das „Relationship-Marketing" und damit um die Wichtigkeit des kundenorientierten Service, der persönlichen Betreuung und Beziehung sowie der personalisierten und individualisierten Kundenansprache. Aus dieser Tatsache heraus habe ich daraus ein weiteres Instrument entwickelt, das mindestens so wichtig ist wie die anderen Teile des Marketing-Mix.

Die Aufteilung in diese einzelnen Parameter, also der einzelnen Marketing-Instrumente, ist nicht ganz überschneidungsfrei, die Abgrenzung nicht eindeutig. Für die praktische Umsetzung ist dies nur wenig relevant. Wichtig ist nur, dass die „Einsatzfähigkeit" der einzelnen „P's" ständig überprüft wird.

Die fünf P des Marketing-Mix

■ 1. P: Persönliches Beziehungsmanagement durch praktizierte Kundennähe

■ 2. P: Produktgestaltung als Ausrichtung der zielgruppenorientierten Angebotspalette

■ 3. P: Preispolitik: Die Signalwirkung des Preises beachten

■ 4. P: Platzierungs- oder Distributionspolitik: Von Hol- und Bringwegen

■ 5. P: PR- oder Kommunikationspolitik mit Werbung, Presse- und Öffentlichkeitsarbeit, Kontaktpflege und Vernetzung, Verkaufsförderung, Sponsoring und Produkt-Placement

---

2. Persönliches Beziehungsmanagement durch Relationship-Marketing

Der Begriff Kundennähe („Close to the Customer") ist zu einem vielgebrauchten Schlagwort geworden. Dieses Element der Hinwendung zur Person des Kunden ist in letzter Zeit als *der* Wettbewerbsvorteil in den Vordergrund der Marketing-Aktivitäten getreten. Aufgrund dieser Bedeutung habe ich die „persönliche Beziehungspflege" als ein weiteres P in das Marketing-Instrumentarium eingeführt und möchte auch mit diesem P(arameter) beginnen.

Drei Phasen der Kundenbeziehungen

Das Marketing hat sich im Laufe der Zeit – der Not gehorchend – von der reinen Absatzfunktion in Richtung Beziehungsmanagement entwickelt und unterscheidet mittlerweile ausdrücklich drei Phasen der Kundenbeziehungen. Die Phase vor Kauf oder Inanspruchnahme des Angebotes dient der Erstkundenakquise und hat das Gewinnen von Kunden im Visier. In der nächsten Phase, während des Kaufs oder Inanspruchnahme des Angebotes, gilt es, die gewonnenen Kunden durch hervorragende Qualität rund um das Produkt zu begeistern. Phase drei nach Kauf oder Inanspruchnahme des Angebotes: Das Relationship-Marketing wird als Einsatz der Beziehungsarbeit angesehen. Es geht darum, durch guten Service und individuelle Betreuungsarbeit den Kunden zu binden und durch weitere „maßgeschneiderte" Angebote zu einem möglichst treuen Kunden zu machen.

Ganzheitliches Beziehungsmanagement als Erfolgsfaktor

Marketing ist heute ein beziehungsorientierter Ansatz. Der Dialog mit dem Kunden hat den herkömmlichen einseitigen „Verkaufstransfer" abgelöst. Die Kundenorientierung („Kundennähe") muss eingebettet sein in die gesamte Organisationsstrategie und gilt als zentrales Gebot des (Sozial-)Marketing. Das gesamte Denken und Handeln aller Führungskräfte und Mitarbeiter sollte auf den Kunden mit seinen aktuellen und potenziellen Bedürfnissen, Wünschen und Problemen ausgerichtet werden. Es soll eine langfristige und partnerschaftliche Beziehung zum Kunden angestrebt werden. Der Kundennutzen, die Kundenzufriedenheit bis hin zur Kundenbegeisterung stehen als optimales Ergebnis einer Kundenbeziehung im Mittelpunkt des modernen Marketing, nicht der schnelle „Verkaufsabschluss", der nicht zum langfristigen Organisationserfolg führen würde!

Wichtig: Die Gestaltung des persönlichen Auftretens bei den face-to-face-Kontakten, die durch direkte persönliche Kontakte zwischen den Vertretern der NPO und den Kunden zustande kommen, sind von enormer Bedeutung. Auch das Gespräch am Telefon bis hin zur brieflichen Kontaktaufnahme sind Möglichkeiten eines Dialoges, wenn auch indirekter Natur. Die neuen Informationstechniken des Internet bieten Chancen der interaktiven Kommunikation mit den (potenziellen) Kunden, die zunehmend auch von NPO genutzt werden.

Relationship-Marketing

Wer Kunden gewinnen will, muss gewinnend auftreten, wer sie halten will, muss dauerhafte Beziehungen knüpfen. Der Verkauf eines Produktes darf nicht als Abschluss, sondern als Anfang einer langfristigen Kundenbeziehung betrachtet werden. Das ist das Credo des neuen, des kundenzentrierten Beziehungsmanagements oder Relationship-Marketing. Gerade im Sozialmarketing sollte der Kunde ganz selbstverständlich als Mensch im Mittelpunkt stehen, vor, bei und nach der Inanspruchnahme des Angebotes. Durch entsprechende Aktivitäten sollen die Geschäftsbeziehungen zu den bestehenden Kunden nicht nur aufrechterhalten, sondern durch genauestes Erfassen der Kundenwünsche systematisch ausgebaut werden. Dahinter verbirgt sich der erklärte Wille der Marketing-Treibenden, dem Kunden durch gute Kenntnisse seiner persönlichen Bedürfnisse attraktive Angebote, angereichert mit Spaß, Service, Erlebnis und einem menschlichen „Mehrwert", zu verschaffen und dadurch die Basis für eine dauerhafte Kundenbeziehung zu legen.

Pyramide und Loyalitätsleiter der Kundenbeziehungen

Das moderne Marketing ist gekennzeichnet durch die ausgeprägte Kundenorientierung mit betonter Zielrichtung auf die Stammkundenentwicklung, nicht nur auf die Erstkundengewinnung. Kundennähe und Beziehungsarbeit gelten als die Wegbereiter zum Erfolg, die langfristige Beziehung hat Vorrang vor dem Erstverkauf.

Diese einzelnen Schritte der aktiven Kundenentwicklung, die „Kunden-Pyramide", kann man sich als Ausdruck des idealtypischen Entwicklungsprozesses des Kunden zum Stammkäufer vorstellen. Beim Relationship-Marketing gilt das Motto: Die persönlichen Kundenbeziehungen intensivieren und dadurch die Kundenzufriedenheit erfolgreich managen, um an die Spitze der Kundenpyramide zu gelangen. Dieser Prozess wird auch durch das Bild der „Loyalitätsleiter" veranschaulicht, deren Stufen der Kundenbeziehung es emporzusteigen gilt.

Die Basis der Pyramide bzw. der Leiter stellt die allgemeine Öffentlichkeit (potenzielle Kunden) dar. Es folgen auf die Uninteressierten die Menschen, die generell an den Angeboten der Organisation interessiert sind. Sie bekunden ihr Interesse durch Lesen und Verarbeiten von Informationsmaterialien sowie durch wohlwollendes Betrachten der Aktivitäten der Einrichtung. In der nächsten Stufe kann bei entsprechender Bearbeitung der Interessent aus dieser Sympathie heraus zu einem Erstkauf bewegt werden. Hier endet die „Erstkundenakquise" und es beginnt die enorm wichtige Aufgabe des Relationship-Marketing.

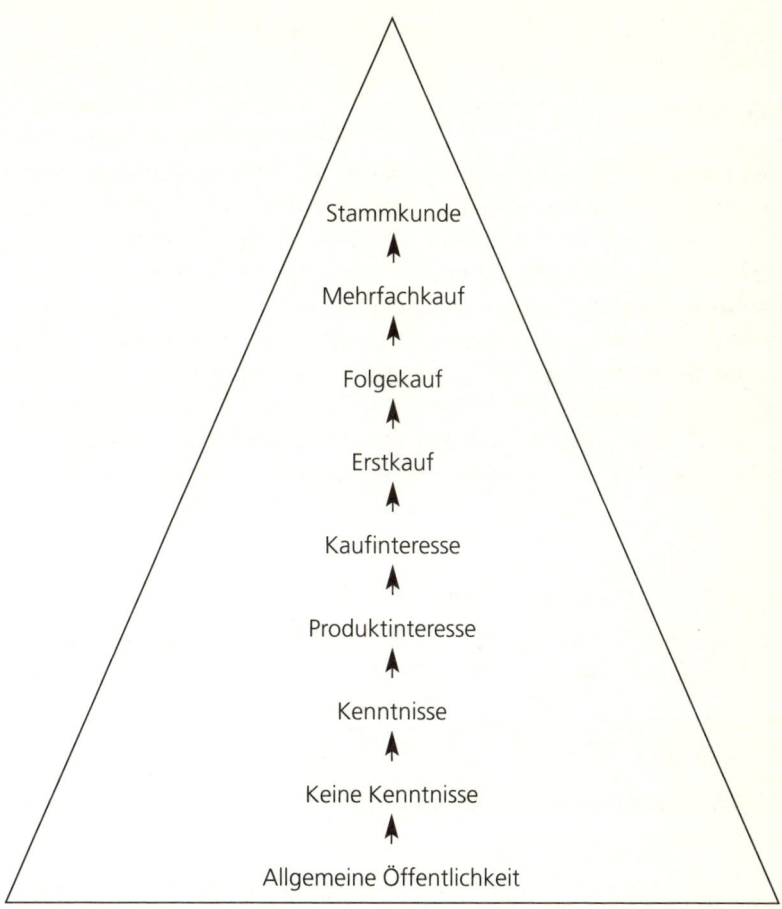

Erfolgreicher Kundenkontakt

Die folgenden Tipps dienen dazu, die Atmosphäre für einen positiven und tragfähigen Kundenkontakt zu schaffen. Bitte denken Sie daran, dass es auf die langfristige Beziehung ankommt, nicht auf einen schnellen Abschluss. Die Verweildauer des Kunden soll so lange wie möglich angesetzt werden. Genau dieses Vorgehen unterscheidet ja das neue Marketing (Beziehungspflege) vom alten Marketing (Verkaufen ist alles). Die Umsetzung folgender Ratschläge kostet nichts – außer ein bisschen guten Willen! Der Kunde soll spüren, dass er wichtig ist und ernst genommen wird. Nur zufriedene und begeisterte Kunden sind treue Kunden.

Deutschland wird von Experten als „Service-Wüste" bezeichnet. Versetzen Sie sich einmal in die Warte Ihres Kunden Ihrer Organisation, nehmen Sie seine Sichtweise ein. Das ist der erste Schritt zur Kundenorientierung, zur Kundennähe. Sicherlich haben Sie sich selbst als Kunde auch schon über folgende Punkte geärgert: Fehlende Freundlichkeit, unqualifizierte Beratung, schlechte Erreichbarkeit, schleppende Bedienung, wenig Zuverlässigkeit, keine Kulanz und mangelnder Service. Die nachstehenden „Formeln" sollen Ihnen eingänglich einige Grundregeln der Kunden-Kommunikation nahe bringen. Das Bild, das die Menschen von einer Einrichtung haben, hängt in erster Linie nicht von peppigen Slogans und Hochglanzplakaten ab, sondern sehr stark von konkreten Erfahrungen mit Repräsentanten dieser Einrichtung.

Von der Service-Wüste zur Service-OASE

O Oberstes Prinzip: alles für das Wohlbefinden und die Bequemlichkeit des Kunden tun

A Ansprechpartner und günstige Zeiten nennen und auf Visitenkarte angeben

S Serviceorientierung öffentlich machen und auch wirklich ernst nehmen

E Ergebnisse ebenso verdeutlichen und den Kunden-Nutzen herausstellen

KIAMBA – der optimale Kundenkontakt

K Kontaktphase so gestalten, um ein gutes Klima zu schaffen und den Kunden „als Mensch annehmen"

I Informationsphase, um seine Bedürfnisse zu erfragen, ihn „abzuholen"

A Auswertung der Informationen, um entsprechend reagieren zu können

M Motivation und seine vorrangigen Beweggründe herausarbeiten

B Benefit als besonderen Nutzen des Kundens aufzeigen

A Abschlussphase als Anfang einer „wunderbaren Beziehung", evtl. mit der Möglichkeit, ihn als Fürsprecher für weitere Interessenten zu gewinnen

MARZIPAN – die süße Formel der Freundlichkeit

M Mimik: freundliches und ernst gemeintes Lächeln

A Ausdrucksweise durch gefällige Stimme und Körperhaltung

R Recht geben, wenn jemand Recht hat, und Entscheidung bestätigen

Z Zuhören: aktiv, mit Authentizität und Empathie

I Interesse: muss echt sein und auch entsprechend bekundet werden

P Positiv über den Kunden denken

A Andere Meinungen verständnisvoll und anteilnehmend akzeptieren

N Niemals Versprechungen brechen

DANK – sich richtig bedanken

D Unverzüglicher Dank ist der Schlüssel zum Kunden

A Anerkennung der Kundenbeziehung („Vielen Dank für Ihr Vertrauen")

N Nutzen der Beziehung für den Kunden wiederholen („Sie haben eine gute Entscheidung getroffen, denn ein gutes Seminar ist erfolgsentscheidend für Ihre Karriere")

K Kleine Geschenke erhalten die Freundschaft (Give-aways und andere Aufmerksamkeiten wie Teilnahmebescheinigungen, kleine Erinnerungsgeschenke)

Regeln für das erfolgreiche Kundengespräch

Ziel des Kundengespräches sollte eine langfristige Kundenbindung sein, kein kurzfristiger Verkaufserfolg. Bereiten Sie sich aktiv auf die Situation des Dialogs mit dem Kunden vor. Dazu gehört ein guter Gesprächseinstieg, ein „Aufhänger", der möglichst an die individuelle Situation des Kunden anknüpft. Stellen Sie gegebenenfalls ein passendes Angebot zusammen und legen Sie sich dazu Argumente zurecht, die den Nutzen für den Kunden klar demonstrieren. Überlegen Sie sich mögliche Antworten auf Einwände und setzen Sie sich ein genaues Ziel für das Gespräch.

Nutzenargumente: „Gute Gründe, bei uns Kunde zu sein"

Damit das Gespräch gelingt, ist neben der Gesprächsvorbereitung eine gekonnte Gesprächsführung nötig. Legen Sie daher durch gute Argumente die Basis für eine harmonische Kundenbeziehung, die beide Seiten auf Dauer zu Gewinnern macht. Das beste Argument ist und bleibt der bereits erwähnte Benefit. Der Kundennutzen ist das A und O des Beziehungsmarketing schlechthin.

Es gibt drei Arten von Argumenten, die Sie im Gespräch anbringen können:

- Beschreibung der positiven Merkmale der Angebote

- Darlegung ihrer Vorteile im Vergleich zu anderen Angeboten

- Hinweise auf ihren praktischen wie ideellen Nutzen.

Praxis-Tipp:

Diese Anregungen sollten Sie für Kundenbindungsmaßnahmen nutzen:

- Persönliche Nachfrage nach der Zufriedenheit oder besonderen Wünschen

- Dankesbriefe

- Infos über Neuerungen

- Kleine Geschenke/Zugaben/Vergabe von Identity-Products

- Einladungen zu Veranstaltungen/Events

- Newsletter, Erfahrungsberichte

- Briefserie mit Brancheninformationen

- Rabattsysteme (Payback)/Treueprämien/Bonussysteme

- Kundenkarten und Kundenclubs

- Persönliche Aufmerksamkeiten und Gesten (die kleinen Extras, die so viel bringen)

- Nützliche Zusatzangebote (z. B. Tipps für Ernährungsprogramm, Öko-Tipps, Dritte-Welt-Rezept, Losung des Tages)

- Honorierung von Anregungen etc.

- Gratulation zu besonderen Anlässen

- Hinweise auf fällige Termine

- Versand von Warenproben

- Schaltung einer Telefon-Hotline

- Dialogmöglichkeiten auf der Homepage

Das Telefon als gezielte Verkaufshilfe

Die Regeln für die richtige Gestaltung des face-to-face-Gespräches haben Sie kennen gelernt. Nicht immer kommt ein direktes Gespräch mit dem (potenziellen) Kunden zustande, meist läuft der Kontakt über das Telefon. Das Telefon ist der wichtigste Draht nach „außen".

Besser telefonieren – mehr akquirieren

Zunehmend wird der Dialog mit dem Kunden nicht mehr nur über das Medium Brief abgewickelt, sondern es wird verstärkt das Telefon als Bindeglied zum Kunden-Partner genutzt. Das schnelle Medium „Telefon" kommt heute immer mehr auch bei NPO zum Einsatz. Beim aktiven Telefonmarketing tritt ein Mitarbeiter der Organisation direkt per Telefon in Verbindung zum Kunden. Sei es zum Zwecke des Absatzes von Leistungen, beispielsweise um TeilnehmerInnen zu einer Seminarveranstaltung zu gewinnen, sei es im Rahmen der Spendenwerbung oder als Nachfassaktion nach einer Briefaussendung. Weitere Einsatzmöglichkeiten sind Fördererbefragung, Maßnahmen zur Fördererbindung und ihrer Wiedergewinnung, aber auch für dialogorientiertes Mitgliedermanagement und generell als Informationsmedium, um die Kundenwünsche zu erfragen. Anrufe sind allerdings nur dann erlaubt, wenn bereits eine Beziehung zum Kunden besteht. „Kaltakquisen" sind nach dem Datenschutzgesetz u. a. nicht gestattet.

Einsatzmöglichkeiten des Telefons

- Nachfassen nach einem Werbebrief
- Feststellen des Bedarfs bei potenziellen Kunden
- Um Termin für ein Kundengespräch auszumachen
- Um Stammkunden auf besondere Angebote aufmerksam zu machen
- Um Kunden einen Wiederkauf anzubieten
- Um auf Terminänderungen hinzuweisen
- Um Restposten oder Restplätze anzubieten
- Um zu Messen, Veranstaltungen o. Ä. einzuladen
- Zur Rückgewinnung verlorener Kunden

So telefonieren Sie richtig

Um am Telefon, auch ohne spezielles Sprachtraining, den richtigen Ton zu treffen, sollten Sie beim Sprechen lächeln, nicht brüllen und nicht zu monoton klingen. Beim aktiven Telefonieren sollten Sie sich ein Hauptziel, also was Sie mit dem Gespräch erreichen möchten, festlegen. Im weiteren Schritt definieren Sie, welche Informationen Sie unbedingt als Minimalziel erhalten müssen und was Sie darüber hinaus maximal erfahren oder an den Gesprächspartner weitergeben möchten, wenn Sie ein aufgeschlossenes Gegenüber am Telefon haben. Es soll allerdings nicht zu sehr die Telefoneinheiten strapazieren, denn hier ist time wirklich money, sowohl auf der Telefonrechnung als auch für Ihre Arbeitszeit.

Zur gründlichen Vorbereitung auf das Gespräch dient zuerst einmal das Infomaterial, das über den Kunden bereits gesammelt wurde (gutes Archiv bzw. die Unterstützung durch Computereinsatz). Planen Sie sowohl die ganze Telefonaktion als auch die einzelnen Gespräche systematisch. Nehmen Sie sich dabei immer eine Gruppe von Kunden vor, dann können Sie das Gespräch standardisieren (beispielsweise all diejenigen, die auf die letzte Aktion nicht reagiert haben, oder alle, die in letzter Zeit viel gekauft, bestellt oder einen größeren Betrag gespendet haben, oder alle ehemaligen Kursteilnehmer, um auf neue Angebote aufmerksam zu machen). Sie sind mit Sicherheit mehr bei der Sache, wenn Sie nur jeweils ein Skript „absolvieren" müssen, als wenn Sie sich auf jeweils verschiedenartige Gespräche einstellen müssen.

Wichtigste Grundlage für ein erfolgreiches, aktives Telefonat ist ein schriftlich vorbereitetes „Argumentarium", das Telefonskript. Hierin wird festgelegt, wie das Gespräch verlaufen, welches Ziel angestrebt, wozu der Gesprächspartner veranlasst werden soll.

Im Wesentlichen hat das Telefonskript folgende Bestandteile:

- Begrüßung und Vorstellung (entweder um sich kennen zu lernen oder um an die Bekanntschaft oder das Mailing zu erinnern, gegebenenfalls Dank für vorherige Spende)

- Anlass für den Anruf nennen (um den Kunden neugierig zu machen)

- einige Argumente nennen, die den Nutzen und die Vorteile eines Kaufes, einer Inanspruchnahme einer Leistung oder einer Spende (oder erneuten Kaufs/Spende) belegen

- eine Vereinbarung treffen (ob, wann, evtl. wie viel gekauft bzw. gespendet wird; falls diese Vereinbarung nicht zustande kommt, nachfragen, ob ein erneuter Anruf positiv aufgenommen wird und hierfür einen Termin vereinbaren)

- freundliche und persönliche Schlussformel zur Verabschiedung (auch wenn kein Kauf oder keine Spende in Aussicht gestellt wurde – was nicht ist, kann ja noch werden). Es ist eine Kunst, ein Gespräch richtig zu beenden, die Floskel „zum Schluss noch …" kann Gutes bewirken.

Sie sollten sich bereits bei den Arbeiten am Telefonskript auch darauf vorbereiten, dass Ihnen Unmut aus dem Telefonhörer entgegenkommt. Auf kritische Einwände sollten Sie gefasst sein und alle notwendigen Unterlagen dazu parat haben. Freundlich bleiben heißt das oberste Gebot!

Nachbereitung nicht vergessen! Dokumentieren Sie das Ergebnis des Gespräches in den Karteikarten oder geben Sie es gleich in die EDV. Werten Sie die Gesamtergebnisse aus, um die Aktion beurteilen zu können. Beantworten Sie sich Fragen wie: Stimmte die Zielgruppe? Ist unser Adressmaterial korrekt und aktuell? Greifen die vorbereiteten Argumente? Mit welchen Argumenten sollte das Telefonskript ergänzt werden? Vermerken Sie Schwachstellen und optimieren Sie diese.

Die gekonnte Entgegennahme von Gesprächen

Die Regeln für erfolgreiches Telefonieren betreffen auch die Annahme von eingehenden Gesprächen, dem passiven Telefonmarketing, besonders im Hinblick auf die freundliche Begrüßung, Kommunikationsfähigkeit, Hilfsbereitschaft und Fachkompetenz. Diese zeigen sich durch

- keine zu langen Wartezeiten für den Anrufenden; das Telefon sollte nicht länger als dreimal klingeln, bevor sich die Einrichtung meldet

- freundliches Antworten, nicht etwa mürrisch auf Anrufe reagieren

- deutliche Nennung des Namens der Organisation wie auch des Mitarbeiters, der den Anruf entgegennimmt

- Erkundigung, wer anruft, und Notieren des Namens

- richtige Information, an wen der Kunde weiterverbunden werden kann

- Beherrschen der eigentlichen Technik des Weiterverbindens, auch von Aushilfskräften in der Telefonzentrale

- gekonnten Umgang mit Beschwerden, denn „Meckern ist erwünscht!". Nicht auf stur stellen oder inkognito bleiben wollen, sondern Verständnis für die Beschwerde des Anrufers aufbringen, ihn da abholen, wo er steht.

Vom richtigen Umgang mit Beschwerden

Wie oft kommt es vor, dass in Ihrer Organisation ein kritischer Anruf oder ein negativ gehaltener Brief eintrifft? Nicht immer ist der Gesprächspartner am anderen Ende der Telefonleitung gut auf Ihre Einrichtung zu sprechen. Oder Sie erhalten Briefe mit kritischen Äußerungen zu Ihrer Arbeit oder Ihrer Organisation, bis hin zur Kündigung der Mitgliedschaft oder des Spendendauerauftrags. Seien Sie sich darüber klar, dass der Beschwerdeführer einfach eine Adresse zum Aggressionsabbau gebraucht hat. Solchen Kunden muss mit Geduld, Verständnis und stoischer Freundlichkeit begegnet werden. Bei sachlichen Anliegen muss den Beschwerdegründen nachgegangen werden mit dem erklärten Ziel der Suche nach einer zufrieden stellenden Problemlösung. Wichtig ist ganz allgemein, dass Beschwerden auch ermöglicht werden.

Das Marketing hat schon lange entdeckt, dass durch bedachtes Reagieren auf Reklamationen die markentreuesten Kunden gewonnen werden können. Mit der Beschwerde zeigt nämlich der Kunde, wie sehr er an der Organisation interessiert ist. Man könnte fast sagen: „Meckern erwünscht", denn wenn man es geschickt anstellt, ist die richtige Reaktion auf Kritik die preiswerteste Art, Kunden an die Einrichtung zu binden bzw. neue oder treue Anhänger zu gewinnen. Denken Sie daran, eine Beschwerde ist ein Geschenk. Eine alte Verkäuferweisheit besagt: „Wer kritisiert, will kaufen." Gerade der Interessierte bringt Einwände. Die Zufriedenstellung reklamierender Kunden „rechnet" sich in barer Münze, wie Untersuchungen zeigen. Tendenziell haben Kunden, deren Beschwerden positiv aufgenommen wurden, zu weit über 50 % Wiederkaufsabsichten, während Kunden, die mit ihren Reklamationen abgeblitzt sind, zu unter 20 % wieder zu der NPO gehen würden. Ein guter Service, zu dem auch das Beschwerdemanagement zählt, gilt übrigens als einer der wichtigsten Wettbewerbsvorteile.

Beschwerdemanagement

Nobody is perfect! Wie gehen Sie mit dieser Thematik um? Bearbeiten Sie einen Beschwerdefall klammheimlich oder wird die Kritik in einem Mitarbeitergespräch thematisiert und nach konstruktiven Auswegen eines Beschwerdemanagements gesucht? Letzteres wäre sehr anzuraten. Der gekonnte Umgang mit Beschwerden liegt in der Hand eines jeden einzelnen Mitarbeiters, darf kein „Herrschaftswissen" sein.

Hintergrund für das Beschwerdemanagement ist die Erkenntnis, dass unzufriedene Kunden nur selten ihrer Unzufriedenheit in vollem Umfang Ausdruck verleihen, sondern ihre Frustration durch Meinungsäußerungen im sozialen Umfeld abbauen. Es wurde herausgefunden, dass diese negativen Nachrichten bis zu elfmal verbreitet werden, während positive Eindrücke im Schnitt lediglich dreimal weitergegeben werden. Wenn Sie dem unzufriedenen Kunden ausreichend Gelegenheit geben, seinen Unmut zu äußern, nützt dies dem Ruf Ihrer Organisation um ein Vielfaches.

Wichtig: Eine Kündigung eines Abonnements, der Mitgliedschaft, eine kritische Mitteilung oder die Ankündigung, keine weiteren Spenden zu entrichten, ist eine kommunikative Chance. Durch Aussteiger, Kritiker und Meckerer erhalten Sie ein direktes Feed-back zur Arbeit und dem Image der Einrichtung. Sie erfahren den Anlass und die Gründe für die negative Meinungsäußerung aus erster Hand und haben die Möglichkeit, direkt darauf zu reagieren. Allerdings sollte auch dafür gesorgt sein, dass alle Mitarbeiter mit Kundenkontakt spontan stichhaltige Argumente parat haben. Diese sollten in einem Skript – ähnlich dem beschriebenen Telefonskript – zusammengefasst bei allen Mitarbeitern auf dem Tisch liegen. Für Leute, die sich beispielsweise Gedanken über die rechtmäßige Mittelverwendung machen, sollten immer Argumente zum Verwaltungsaufwand, zur Nachvollziehbarkeit des Spendenweges, zum sinnvollen Mitteleinsatz, Glaubwürdigkeit und gesellschaftlichem Nutzen bereitgehalten werden. Ehrlich währt am längsten!

Schritte des aktiven Beschwerdemanagements

1. Schritt: Ergründung der Anlässe für Beschwerden

   - Mangelnde Annehmlichkeit des Angebots-Umfeldes wie Räume, Einrichtung oder Erscheinungsbild der Mitarbeiter
   - Mangelnde Verlässlichkeit bei Absprachen oder Art und Umfang der Leistungserbringung
   - Mangelnde Einsatzbereitschaft (zeitlich, schnell, intensiv o. Ä.)
   - Mangelnde Kompetenz in Beratung, Fachlichkeit, Handeln und Selbstreflexion
   - Mangelndes Einfühlungsvermögen

2. Schritt: Wie können Sie von den Problemen erfahren? Ermöglichen der Beschwerden durch

   - Mündliche Abfrage („War es recht so?" oder „Was hätten wir besser machen können?")
   - Schriftlich über Meckerkasten, vorgedruckte Meinungskarten, Fragebogen o. Ä.

3. Schritt: Organisatorische Fragen des Beschwerdemanagements

   - Konkrete Handlungsanweisungen und Verhaltensregeln mit klarer Kompetenzregelung für die Mitarbeiter verfassen
   - Lösungsvorschläge zur Beschwerdebearbeitung und -beseitigung vorbereiten

4. Schritt: Definition der Problemlösungen (Mängelbeseitigung)

   - Finanziell (Geldrückgabe, Nachlass, Gutschein)
   - Materiell (Umtausch, Reparatur, Geschenk)
   - Immateriell (Entschuldigung, Erklärung/Information)
   - Faktisch durch Ankündigung und Umsetzung der Problembeseitigung

5. Schritt: Evaluation und Lerneffekt der Beschwerde
   Eine Auswertung sollte nach inhaltlichen Gesichtspunkten, nach der Art der Probleme, der Häufigkeitsverteilung und zeitlicher Entwicklung erfolgen, um entsprechende Lehren zu ziehen und das Problem zu beseitigen. Diese Evaluation dient als Information über die Kundenwünsche zur Realisierung eines ständigen Verbesserungsprozesses.

Customer-Relationship-Marketing

Eine langfristige Kundenbindung ist die zentrale Voraussetzung für eine erfolgreiche Geschäftsentwicklung. Dazu sind verstärkt Interaktionsprozesse mit direkter Einbindung der Zielgruppe(n) gefragt, um die anhaltende Kundenzufriedenheit zu gewährleisten. Relationship-Marketing haben Sie schon kennen gelernt. Das neueste Rezept heißt Customer-Relationship-Marketing (CRM). Hinter dem Customer-Relationship-Marketing steht der Gedanke der Abkehr vom Schrotflintenkonzept via Massen-Mailings und Hinwendung zu individualisierten Bindungsmaßnahmen, wobei auf die besondere Situation und die speziellen Bedürfnisse der Kunden eingegangen werden soll.

Auch das CRM als Customer-Relationship-Management läuft über Kundenbindungs-Systeme wie verstärkten und verbesserten Kundenservice, Durchführung von Events, Belohnung für Vielnutzer, Rabattmarken, Kunden-Journale, Erinnerung an fällige Termine, Angebot passender (Anschluss-) Angebote. Im Vordergrund steht das so genannte one-to-one-Marketing als der direkte Kontakt über individuelle Mailings, den Dialog über das Internet, das gezielte Telefonat und den Direkt-Verkauf bei individuellen und spezifischen „Kaufsituationen" des einzelnen Kunden, die mit der laufenden Aktualisierung der Kundendaten durch die Datenbank erfasst und bewertet wurden. Hier setzt das „Anlass-Marketing" an, denn Geburtstage, Jubiläen, beendete Ausbildungen, Heirat, Geburt und dergleichen dienen als Aufhänger für diese direkten Ansprachen. Auf die Methoden des Direkt-Marketing wie das Mailing wird noch ausführlich im Rahmen der Kommunikationspolitik eingegangen. Ein weiteres Stichwort ist das Cross-Selling, bei dem geeignete andere Produkte angeboten werden, z. B. dem Seminarbesucher die entsprechenden Bücher, Reisen o. Ä.

Voraussetzungen des CRM

Grundlage ist eine hoch spezialisierte Datenbank, mit der die relevante Kunden-Information gesammelt und aufbereitet werden kann. Die Einführung einer geeigneten Software plus dynamische Analyse der gewonnenen Daten, um das Muster hinter den Verhaltensweisen vieler Kunden zu entdecken, ist unabdingbar (Profiling). Relevant ist neben den Persönlichkeitsmerkmalen die Erfassung des letzten Kaufs, der Höhe der Ausgaben und die Häufigkeit des Kaufs. Jenseits der Technik ist natürlich die Beachtung des Beratungs- und Integrationsaspektes der Kunden wichtig.

Database-Marketing

Durch das Profiling als die systematische Auswertung und Nutzbarmachung der in der Datenbank enthaltenen Kunden-Informationen werden die Profile bestehender Kunden analysiert, um ihre demographischen und weiteren Eigenschaften mit ihren Nutzungsgewohnheiten in Bezug zu setzen. Besonders zum Einsatz kommen die aufbereiteten Daten, wenn Sie „nach dem Kauf" mit Ihren Kunden in Kontakt treten wollen, um sie durch individuelle Angebote und Bindungsmaßnahmen zu Stammkunden zu machen. Denn das Ziel ist es, den Kontakt mit diesen Kunden so eng wie möglich zu halten, und so langfristige Beziehungen aufzubauen. Mit den richtigen Argumenten sollen dem Kunden zum richtigen Zeitpunkt möglichst maßgeschneiderte Angebote gemacht werden, häufig durch Direkt- oder Dialogmarketing. Darunter ist der Versand von Angebotsbriefen (Mailing) mit personalisierter Anschrift, E-Mails, Katalogversand oder Bestellmöglichkeit im Internet, Telefonate oder persönliche Besuche zu verstehen. Wichtigstes Kennzeichen ist die Interaktion in zwei Richtungen, die Dialogmöglichkeit zwischen Anbieter und Kunde.

Checkliste: Beziehungsmarketing

- Wie viele der Kunden, die Sie vor zwölf Monaten hatten, sind heute noch bei Ihnen?
- Wie halten Sie es in Ihrer Organisation mit dem Beziehungsmarketing?
- Was praktizieren Sie schon mit Erfolg, und warum?
- Was hat nicht so geklappt, und warum?
- Was können Sie neu einführen, wann, wie, von wem etc.?
- Was könnte Sie daran hindern?
- Mit welchen „Guten Gründen" argumentieren Sie?
- Wie sehen die technischen Voraussetzungen für eine professionelle Datenbank aus?

---

3. Produktpolitik: Die Leistungspalette gestalten

Bis zur Entdeckung der Person des „Kunden" und dem neuen Schlagwort des (Customer-)Relationship-Marketing war die Produktpolitik das „Herz des kommerziellen Marketing"; das Produkt galt als das grundlegendste Element des Marketing-Mix. Es hat allerdings nur wenig an Bedeutung verloren, denn was nützt die beste persönliche Beziehung zum Kunden, wenn das Produkt nichts taugt? Längerfristig lässt sich ein Kunde wohl kaum mit noch so professionellen Maßnahmen an ein schlechtes Produkt binden!

Die Hauptaufgabe der Produktpolitik besteht in der optimalen Gestaltung des Leistungsprogrammes und der laufenden Anpassung an (neue) Gegebenheiten und Anforderungen. Besonders zählen hierbei die spezifischen Kundenwünsche und -bedürfnisse. Es sollen möglichst attraktive, effektive und sinnvolle Produkte bzw. Dienstleistungen geschaffen und angeboten werden. Ziel ist es, sich durch eine gelungene und kundenorientierte Angebotspalette positiv im Wettbewerb hervorzuheben. Für NPO ist es bisweilen schwierig, eigenständige Produktpolitik zu betreiben, da sie anderen Regeln als die freien Marktteilnehmer aus der Wirtschaft unterworfen sind. Dennoch sollten einige Grundsätze der Produktpolitik beachtet werden.

Was ist ein Produkt?

Ein Produkt stellt alles dar, was einer Person angeboten werden kann, um ein Bedürfnis oder einen Wunsch zu erfüllen. Das Produkt einer gemeinnützigen Organisation kann einmal aus einem handfesten materiellen Gegenstand bestehen (Ware von Behindertenwerkstätten) oder in der Erstellung einer immateriellen Dienstleistung (Beratung, Schulung); auch die Ausgestaltung von Dienstleistungen fällt unter die Produktpolitik. Zu den Kennzeichen des Produktes gehören die tatsächliche marktgerechte und kundenorientierte Gestaltung und Ausstattung sowie die Beschreibung seiner Inhalte wie Leistung, Umfang, Qualität, Nutzen o. Ä.

Vom Grundnutzen und Zusatznutzen

Ein Produkt kann in zweifacher Hinsicht für den Kunden „von Nutzen sein". Durch den Grundnutzen wie durch den Zusatznutzen. Erst beide zusammen befriedigen die Bedürfnisse des Kunden.

Der Grundnutzen definiert sich über die rationalen Argumente der Basisqualität. Dieser „stofflich-technischen" Nutzen-Funktion kommt mit zunehmender Produktgleichheit ein zunehmend geringerer Stellenwert zu. Dagegen spielen die emotionalen Anreize des Zusatznutzens, z. B. der (emotionale oder tatsächliche) Erlebniswert, das Ansehen über das Image der Organisation und die Serviceleistungen, eine immer bedeutendere Rolle. Wichtigste Komponenten sind dabei das Prestige, Geltung o. Ä. Je größer der Zusatznutzen, desto leichter fällt die Kaufentscheidung. Zusatznutzen gibt es aber auch in materieller Form, wenn ein Produkt nach dem eigentlichen Gebrauch einer weiteren Nutzung zugeführt werden kann.

Ein Produkt ist also nicht nur das Basisangebot (die nackte Ware oder die Grunddienstleistung), sondern Problemlösung und Zusatznutzenerwartung sind letztlich die wesentlichen Kriterien für die Kaufentscheidung. Der Stellenwert des psychologischen Nutzen für den Kunden ist der Ansatzpunkt für die Produktpräsentation.

Wichtig sind sowohl die begleitenden als auch die vor- und nachfolgenden Dienstleistungen. Zum „Vorkauf-Service" gehören beispielsweise der Kostenvoranschlag oder eine kostenlose Beratung; ein typischer „Nachkauf-Service" ist die Reklamationsbearbeitung.

Auch für soziale Dienstleister besteht hier die Chance, sich einmal über gute Qualität aufgrund von nachgewiesener Fachlichkeit und Kompetenz, Hilfsbereitschaft und Servicementalität zu behaupten und auf dem Markt zu etablieren. Der Zusatznutzen ist allerdings etwas schwieriger zu gestalten, da gemeinnützige Organisationen eher wenig Prestigewerte vermitteln und Dienstleistungen nur begrenzt mit materiellen Zusatznutzen ausgestattet werden können.

Vom Benefit des Produktes

Das Produkt selbst ist in den wenigsten Fällen der alleinige „Kaufgrund". Wichtig ist, was der Kunde damit erreichen, welchen praktischen und ideellen Nutzen er daraus ziehen kann. In Marketingkreisen heißt es, kein Kunde kaufe jemals nur ein Erzeugnis. Er kauft immer, was das Erzeugnis für ihn leistet, welche Probleme es löst, welches Bedürfnis es befriedigt. Dem Käufer sind das Angebot und seine Merkmale als solche relativ gleichgültig. Er kauft kein bestimmtes Produkt, sondern einen seinem Ich dienenden Nutzen, den schon erwähnten „Benefit".

Kaufentscheidungen fallen demnach nur, wenn jemand ein Problem zu lösen hat oder einen anderen Nutzen für sich erwartet. Der Benefit als Nutzen ist von zentraler Bedeutung, vor allem in der werblichen Vermittlung. Dazu muss man ein Vorstellungsbild (Anmutung oder Image) schaffen, eine „Was-hab-ich-davon-Vorstellung".

Die Gestaltung der Leistungspalette

Produktpolitik ist zu verstehen als die Zusammenfassung aller unternehmerischen Möglichkeiten der Erstellung des marktreifen Produktes. Entweder wird ein neues Produkt entwickelt oder ein altes den Marktbedürfnissen angepasst. Ziel der Produktpolitik ist es, mit der Angebotsmischung, der Produktpalette oder dem Sortiment die Gegenwart und die Zukunft der Organisation durch ausreichenden Absatz abzusichern. Dazu müssen sämtliche Angebote auf Herz und Nieren untersucht werden. Die Ergebnisse gehen in die weitere Produktpolitik ein. Dabei geht es besonders um die Aspekte Kundennutzen, Authentizität („passt es noch zu uns") und Rentabilität, soweit die NPO nicht an Vorgaben gebunden ist, spezielle „Angebote der Grundversorgung" bereitzustellen.

Bei der Produktpolitik als Verbesserung des gesamten Leistungsangebotes, der Leistungspalette, geht es um die grundlegenden Fragen:

- Wie sollte das Angebot idealerweise gestaltet sein, um angesichts der beschriebenen Problemlösungs-und Nutzenerwartung bei den Leuten anzukommen?

- Wie sollte die Leistungspalette insgesamt aussehen?

- Mit welchen Angeboten kann die Organisation in Zukunft den Absatz sichern oder gar ausweiten?

- Auf welche Angebote sollten bzw. können wir verzichten?
- Welche neuen Produkte können aufgenommen werden?

Die Suche nach neuen Produkten ist eine wesentliche Aufgabe des Marketing. Stammkunden sollen durch neue Angebote „bei der Stange gehalten", Neukunden durch attraktive Leistungen angezogen werden. Dies bedeutet, „marktgängige" Angebote zu gestalten, die nachgefragt werden, also die Angebote immer wieder auf ihre Akzeptanz zu durchleuchten und darauf zu achten, welches Produkt erfolgreich ist.

Achtung: Was nicht geschehen sollte, ist, dass die Organisation sich verbiegt und nur noch das anbietet, „was läuft", und dabei ihr gemeinnütziges Ziel aus den Augen verliert. Allerdings, einige Abstriche sollten schon zugelassen werden, um für Kunden interessant zu bleiben oder zu werden. Das hat nichts mit „sich verkaufen" zu tun. Was bringt es einer hehren Organisation, im Elfenbeinturm zu sitzen und auf Kunden zu warten, die sich mangels interessanter Angebote nicht einstellen, und darüber die Einnahmenseite aus dem Auge zu verlieren.

Wenn Sie die Angebote Ihrer Organisation ehrlich auf den Prüfstand stellen, sollten Sie sich Gedanken über ihren Sinn und Zweck machen. Wie sehen Ihre Produkte aus? Worin liegt der Grundnutzen und der Zusatznutzen für den Kunden? Passen die Angebote zur Organisation? Wie sieht die Einnahmenseite aus?

Folgende Checkliste zur Produktpolitik soll Ihnen unter diesen Aspekten Anregungen zur schonungslosen Überprüfung jedes einzelnen Angebotes Ihrer Leistungspalette geben.

Checkliste: Produktpolitik

- Aspekt Kundennutzen
    - Welche Produkte bieten wir an, decken sie die verschiedenen Bedürfnisse der Zielgruppen?
    - Welchen Nutzen hat es für die Kunden? Denken Sie bitte an alle Varianten des Nutzens.
    - Wie lösen sie ihre Probleme, wie erfüllt es ihre Wünsche?
    - Sind die Angebote noch zeitgemäß?

---

noch: Checkliste: Produktpolitik

- – Wo liegen die Stärken und Schwächen?
- – Wie sehen es die Kunden?
- – Was daran zählt wirklich für den Kunden?
- – Welches sind die Indikatoren, die zur Kaufentscheidung führen?
- – Wie sehr sind die Kunden bereit, dafür auch zu bezahlen?
- – Was macht die Konkurrenz besser?
- – Welche Konsequenzen ziehen wir daraus?

- ■ Aspekt Authentizität
  - – Passt das Produkt (noch) zur Organisationsphilosophie?
  - – Entspricht es den Qualitätsstandards?
  - – Spielt es im Sortiment eine wichtige Rolle? Welche?
  - – Durch was kann es adäquat ersetzt werden?
  - – Bedeutet das Angebot Lust oder Last für die Organisation?

- ■ Aspekt Rentabilität
  - – Wie gut oder weniger gut „laufen" die einzelnen Angebote?
  - – Was kann/sollte durch was ersetzt werden?
  - – Bringt Angebot A/B/C etc. genügend Umsatz?
  - – Werden die Kosten gedeckt?
  - – Wodurch verdienen wir, wobei zahlen wir drauf?
  - – Lohnt sich der Lager- oder der Verwaltungsaufwand?
  - – Von welchem Angebot können/dürfen/müssen wir uns trennen, was sollte neu aufgenommen werden?
  - – Unterstützt es den Verkauf anderer Leistungen?
  - – Sind die Kunden, die es (noch) kaufen, umsatzstarke Kunden?

Lebenszyklus der Produkte

Wichtig für die Gestaltung der Angebotspalette ist auch die Kenntnis bzw. Beobachtung des Lebenszyklus der Angebote, um rechtzeitig die Entwicklung der Nachfrage abschätzen zu können. Ein Produkt macht folgenden Zyklus durch: Einführung mit anfangs zögerlicher, dann aber steigender Nachfrage in der Einführungszeit. Wachstum und Reife mit guten Zuwächsen. Bei Sättigung der Nachfrage kommt es zur Rückbildung bis hin zum Verschwinden vom Markt. Diese Entwicklungen sollten stets beobachtet und entsprechend berücksichtigt werden. Konkurrenzbeobachtung, Trendforschung und eigene Feststellungen kommen hier zum Tragen. Notwendig ist hohe Flexibilität, um auf die Marktveränderungen schnell reagieren zu können.

Innovation, Variation und Bereinigung der Produktpalette

Womit, mit welchen Produkten, mit welchen Angeboten, wollen wir in den Wettbewerb? Die strategischen Maßnahmen der Produktpolitik basieren auf der genauen Analyse der einzelnen Angebote, der gesamten Leistungspalette und des angenommenen Marktpotenzials. Die Produktpalette sollte so gestaltet sein, auch in der Zukunft genügend Nachfrager zu haben und zu halten. Dabei ist nicht jedes Angebot gleich attraktiv und es müssen Überlegungen zu einer Produktstrategie entworfen werden.

Nach gründlicher interner Untersuchung der Produktpalette nach Rennern und Flops kann man auf unterschiedliche Weise die weitere Planung und Gestaltung vornehmen. Hierfür gibt es drei Varianten, die allerdings nicht immer anwendbar sind. Sei es wegen der sozialen, kulturellen, ökologischen, konfessionellen etc. Grundsicherung oder wegen der Organisationsphilosophie, die gewisse Angebote für unerlässlich hält.

- Die *Produktinnovation* ist Antwort auf neu entstandene oder unterschwellig vorhandene Bedürfnisse durch Ideensuche, Vorauswahl, Entwicklung, Test und Einführung. Vielfach geschieht die Schaffung neuer Produkte durch „Abkupfern" innovativer Ideen, durch kreative Konkurrenzbeobachtung!

- *Produktvariation* durch Weiterentwicklung, Verbesserung oder Änderung der Produkteigenschaften. Es geht dabei darum, alte Produkte optisch, technisch oder qualitativ zu verändern. Ansatzpunkte sind Styling, Namen, Verpackung, Anreiz, Komplexität, Verfügbarkeit o. Ä.

■ Bereinigung der Leistungspalette durch *Produkteliminierung*, da keine Nachfrage mehr vorhanden ist. Dies gestaltet sich schwierig bei Angeboten der (sozialen) Grundversorgung!

Strategien der Produktpolitik

Für die Produktpolitik bzw. die Gestaltung der Leistungspalette gibt es zwei bekannte strategische Vorgehensweisen. Sie wurden von Unternehmensberatung-Firmen entwickelt und finden weltweiten Einsatz. Wenngleich diese Strategien in Wirtschaftsunternehmen Verwendung finden, ihre grundlegenden Denk-und Vorgehensweisen sind zum Teil auch auf NPO übertragbar. Diese beiden Methoden sind nicht nur geeignet, die strategische Stoßrichtung für die Weiterentwicklung der Organisationsangebote zu bestimmen. Sie können auch als Frühwarnsystem dazu dienen, um Ansatzpunkte für Verbesserungs- und/oder Gefahrenpotenzial aufzuzeigen:

■ Die Portfolio-Matrix

■ Die Marktfeldstrategie.

Portfolio-Matrix: Stars, Milchkühe, Lahme Enten und Faule Hunde

Die Markt- oder Portfolio-Matrix teilt die eigenen Produkte nach ihrer derzeitigen und erwarteten Nachfrageintensität in vier Rubriken ein.

Stars: Das sind Angebote, die mit gutem Zuwachs angenommen werden und schon einen hohen Marktanteil haben. Sie sollten auf jeden Fall beibehalten oder sogar noch verstärkt angeboten werden, um später „Gewinne" (z. B. hohe Auslastung durch Besucher oder Teilnehmer) damit zu erwirtschaften.

Milchkühe (Cash Cows): Diese Angebote laufen immer noch, zwar mit nur noch geringem oder keinem Wachstum, aber mit hohem Marktanteil. Diese „Geldsäcke" sorgen derzeit noch für gute Erträge und sichern damit das Überleben der Einrichtung. Und sie eignen sich zur Finanzierung der Stars und Fragezeichen und sollten bei geringem Kosteneinsatz gehalten werden.

Die „Problemprodukte" *Faule Hunde* (Poor Dogs) oder auch „Lahme Enten" (Lame Ducks) zeigen geringe Zuwächse bei geringem Marktanteil und sollten auslaufen bzw. aufgegeben werden.

Nachwuchsprodukte laufen unter *Fragezeichen* (Question Marks): Sie haben zwar einen geringen Marktanteil, aber vermutlich ein hohes Wachstum. Ihr Marktanteil sollte erhöht werden, aber eine Organisation sollte nicht zu viele Fragezeichen pflegen, da ihr Erfolg nicht sicher ist.

Die ideale Produktpolitik besteht nach diesem Portfolio-Matrix-Ansatz darin, dass keine Produkte in einem Markt mit geringem Wachstum bei einem kleinen Marktanteil gehalten werden sollten. Von Faulen Hunden sollten Sie sich danach trennen. Sie sollten vielmehr das mit den Milchkühen verdiente Geld in die Fragezeichen investieren, in der Hoffnung, dass sich daraus Stars entwickeln. Durch den natürlichen Prozess der Produktalterung (des Produktlebenszyklus) werden die Stars zu Milchkühen, und der Prozess geht von vorne los.

Die Marktfeldstrategie der Strategischen Geschäftseinheiten

Eine weitere und sehr ähnliche Planungsmethode im Rahmen der Produktpolitik ist die Marktfeldstrategie mit Einteilung in Strategische Geschäftseinheiten (SGE) oder SBUs (Strategic Business Units). Unter diesen „Geschäftsfeldern" sind Leistungs- oder Tätigkeitsbereiche bzw. Produkte für eine relativ homogene Zielgruppe zu verstehen. Weitere Kriterien können neben den gleichen Verwendern auch ähnliche Kosten- oder Preisstrukturen oder Produktionstechniken (hier z. B. Methoden) sein.

Strategische Geschäftseinheiten (SGE) als Teilbereiche gibt es in Organisationen mit mehreren Angeboten. Es sind einzelne Produkte für eine einheitliche Zielgruppe, die sich von den anderen Angeboten der Organisation einfach abgrenzen bzw. unterscheiden lassen:

■ *Marktdurchdringung* oder *Marktausschöpfung* beschreibt den Versuch, auf vorhandenen Märkten bereits vorhandene

Produkte/Angebote intensiver anzubieten. Gemeint ist die Strategie, für ein bereits angebotenes Produkt eine intensivere Nutzung durch die bisherigen Kunden anzustreben. Ein Beispiel: Eine gemeinnützige Sprachenschule verstärkt die Werbung für Fortgeschrittenen-Kurse bei den Anfänger-Kunden.

- Bei der *Marktentwicklung* oder *Markterweiterung* sollen mit einem bestehenden oder alten Produkt neue Märkte erschlossen werden. Mit dieser Strategie sollen für ein bereits angebotenes Produkt mehr Neu-Kunden gewonnen werden. Die Sprachenschule wendet sich an Unternehmen und bietet für die Mitarbeiter Kurse an.

- Unter *Produktentwicklung* ist die Entwicklung eines neuen Angebotes für die bestehenden Kunden zu verstehen. Sie liegt also dann vor, wenn neue Produkte auf dem bestehenden Markt eingeführt werden sollen. Für die bisherigen Sprachschüler aus unserem Beispiel werden fremdsprachige Kochkurse angeboten.

- Entwickelt eine NPO neben dem eingeführten Angebot neue Produkte für einen neuen Markt, so spricht man von *Diversifikation*. Es werden dabei neue Angebote für einen neu zu gewinnenden Kundenkreis entwickelt. So beispielsweise Sprachreisen für Belegschaftsmitglieder von neu zu gewinnenden Firmen.

Praxis-Tipp:

Bei der Gestaltung der Produkte muss alles daran gesetzt werden, dass der Kunde gerne (wieder-)kommt. Service rund um das Produkt weist große Überschneidungen mit dem bereits erwähnten Marketing-Instrument Beziehungsmanagement auf. Die Aktivitäten beziehen sich jeweils auf die Phase vor, beim und nach dem Kauf und haben nicht unbedingt einen sofortigen Wiederkauf im Sinn. Vielmehr steht eine langfristige gute Beziehung zum Kunden im Vordergrund, der auch dadurch zum Stammkunden „entwickelt" werden kann.

- Service vor dem Kauf: gutes Info-Material, gute (telefonische) Erreichbarkeit, umfassende Beratung, (Kunden-)Zeitschriften, Möglichkeit des Ausprobierens etc.

- Service während des Kaufs: Kinderbetreuung, Vermeidung von Wartezeiten, angenehme Atmosphäre, Parkplätze, auch für Fahrräder, Kinderwagen und Rollstühle bis hin zu Hilfe beim Transport, Erleichterungen durch Kataloge, Antwortpostkarte und andere Bestellmöglichkeiten, Auftritt im Internet

- Service direkt nach dem Kauf: kurze Lieferzeiten, Einweisung oder Montage, schnelle und faire Behandlung von Reklamationen, kulanter Umtausch oder Rücktritt, Dank für Teilnahme, Teilnahmeurkunden oder -bestätigungen, sofortige Spendenbescheinigungen mit Dankbrief, Kauf- bzw. Bestellbestätigung, um die Richtigkeit der Entscheidung zu bekräftigen

- Service-Nachfassaktionen nach dem Kauf: Einladungen zum Tag der offenen Tür oder (Messe-)Veranstaltungen mit Produktinformationen, Versand von Kundenzeitschriften und Informationsmaterial, Erinnerung an fällige bzw. aktuelle Termine (Inspektion, Behandlung, Reparatur, Auffrischung, vertiefendes Angebot etc.)

4. Preisgestaltung als Gratwanderung

Bei der Preispolitik geht es darum, die Preise für die Nutzung der Angebote festzusetzen und bei Bedarf die Veränderung von Preisen durchzubringen. Keinesfalls geht es um ein „Verkaufen um jeden Preis".

Die Rolle des Preises als Instrument der Marktgestaltung wird auch bei Wirtschaftsunternehmen sehr unterschiedlich eingeschätzt und hängt teilweise auch vom angebotenen Produkt ab. Einerseits kann der Preis ausschlaggebender Faktor bzw. einziges Regulativ für den Verkauf sein, andrerseits kann er eine eher untergeordnete Rolle spielen. Bei gemeinnützigen Organisationen ist eine aktive Preispolitik besonders schwierig. Auch wenn die folgenden Grundsätze nicht voll auf das Sozialmarketing übertragbar sind, sollten Sie für Ihre eigene Preisgestaltung davon Kenntnis haben. Die Nutzung gemeinnütziger Einrichtungen durch die Kunden einerseits ist sehr stark von „Sozialtarifen" dank öffentlicher Förderung gekennzeichnet. Dennoch kann sich die Preisgestaltung nicht ganz von betriebswirtschaftlichen Einsichten lösen, denn es muss das Überleben der Organisation gesichert sowie die „Wertpositionierung" durch die Signalfunktion der Preisgestaltung bedacht werden.

Bei der Preisfestsetzung einer NPO gelten besondere Regeln, andere als beim Marketing eines Unternehmens. Es muss stets auch die Gemeinnützigkeit der Organisation im Auge behalten werden. Die Preispolitik ist bei den NPO auch aus anderen Gründen ein heikles Thema, denn durch vielerlei Faktoren wird das Preisbewusstsein von NPO nur wenig gefördert bzw. eine Preispolitik erschwert.

Verschiedene Arten von Preisen

Die Preise im allerweitesten Sinne lassen sich danach einteilen, ob sie als eine direkte oder indirekte, eine monetäre oder nicht monetäre Gegenleistung seitens des Kunden anzusehen ist. Dabei gilt der Preis generell als Entgelt für erbrachte Leistungen der NPO. Beim Preis im engeren Sinne handelt es sich in der Regel um den Geldbetrag, den die Kunden für das Produkt oder die Inanspruchnahme von Leistungen zu zahlen haben. Dazu gehören auch Rabatte, Nachlässe und Finanzierungskonditionen. Als Preis im weiteren Sinne gelten die finanziellen und sonstigen materiellen und immateriellen „Mühen oder Opfer" des Kunden als Gegenwert zur Nutzung der Angebote:

- Gebühren werden als direkte monetäre oder materielle Gegenleistungen seitens der Kunden betrachtet

- Interesse, Neugier, Dank, Teilnahme, Verzicht auf bestimmte Dinge (z. B. Drogen) oder Verwendung von bestimmten Dingen (beispielsweise Kondome) gelten als nicht monetäre oder immaterielle, direkte Gegenleistungen der Kunden

- Mitgliederbeiträge, Steuern, Abgaben oder Spenden sind indirekte materielle Gegenleistungen für die Leistungsnutzung durch den Kunden

- Akzeptanz von „unbeliebten" Einrichtungen oder Verhaltensweisen stellen Beispiele für die indirekten immateriellen Gegenleistungen der Kunden dar.

Heikle Gratwanderung

Preispolitik besteht in einer heiklen Gratwanderung. Verlangen Sie zu viel, laufen die Kunden über zur Konkurrenz. Verlangen Sie zu wenig, werden Erträge verschenkt, die die Organisation dringend nötig hätte. Soll oder darf das Angebot der Organisation überhaupt etwas kosten? Wie hoch muss der Preis sein, damit sie weiterhin bestehen kann? Ist die Leistung für den Nutzer noch erschwinglich? Grenzen wir jemanden aus? Lassen sich die Ausgaben durch die Einnahmen decken? Um das Überleben der Einrichtung zu sichern, sind Sie darauf angewiesen, angemessene Preise für Ihre Leistungen am Markt, sowohl beim Kunden, aber auch beim Träger oder den Zuschussgebern, durchzusetzen.

Seien Sie bei der Festsetzung von Entgelten selbstsicher, lassen Sie sich nicht vorschnell drücken, um „wettbewerbsfähiger" zu sein, genieren Sie sich nicht, auch einen etwas höheren Preis zu nennen. Ein von seinen Angeboten überzeugter Kaufmann besteht auf seinem Preis, unsichere sind viel zu schnell bereit, Nachlass zu gewähren. Im Wettbewerb setzt sich durch, wer dem Kunden ein höherwertiges Produkt anbietet, und nicht eines, das nur weniger kostet. Kalkulieren Sie nicht nur mit einem Kostenpreis, sondern bieten Sie auch „Nutzenpreise" an. „Was ist es Ihnen wert, dass ...?" Gerade bei den Angeboten der NPO kommt es weniger auf die objektive Beschaffenheit als vielmehr auf die subjektive Einschätzung durch den Kunden an. In der Regel bzw. nach dem „Wertprinzip" ist der Kunde immer bereit, einen angemessenen Preis für eine gute Leistung zu zahlen. Gut ist die Leistung dann, wenn die emotionale Komponente gut dargestellt ist.

Wichtig: Die Preiswürdigkeit der Angebote ist entscheidend; diese müssen Sie demonstrieren. Definieren Sie sich über Ihre Leistung, also über Ihre spezielle Leistungsfähigkeit und Kompetenz, nie über den Preis als „Billiganbieter"! Ein billiger Preis ist kopierbar, eine gute Leistung nicht.

Signalwirkung und Positionierungsfunktion des Preises

Vom Preis geht eine besondere Botschaft eines Wertes aus (Wertschätzung), die nicht verkannt werden darf. Wer für eine Sache zahlt, weiß sie besser zu schätzen. Sie kennen ja den Spruch: „Was wenig kostet, ist wenig wert, was nichts kostet, taugt auch nichts!" Der Preis hat eine Signalfunktion, er gilt als Qualitätsmerkmal.

Daneben hat der Preis auch eine Positionierungsfunktion: Der Preis soll das Image eines Angebotes beeinflussen und sowohl den Anbieter als auch den Nachfrager in ein bestimmtes Segment positionieren, ähnlich wie auch die Signalfunktion. Ihre Kunden fragen sich, welchen (Gegen-)Wert sie für den Preis Ihres Angebotes erhalten, was sie für ihr Geld bekommen. Hochpreisige Güter haben Statussymbolcharakter, der zwar für NPO-Angebote weniger relevant sein mag, die Wert-Signale des Preises sollten allerdings nicht außer Acht gelassen werden.

Bei der Positionierung über den „Wert" anhand des Preises muss jede NPO eine auf ihren Zielmarkt zugeschnittene Strategie verfolgen.

Wie Preise gemacht werden: Die Kalkulationsarten

Die ökonomische Grundregel lautet, dass die Preisfestsetzung umso einfacher ist, je weniger Anbieter auf dem Markt vorhanden sind und je größer der Bedarf bzw. die Nachfrage nach diesem Produkt ist. Neben diesen „externen", vom Markt beeinflussten Bestimmungsgründen für die Preisfestlegung, die für NPO nur bedingt gelten, hängt die Preisbildung von „internen" Faktoren, den Produktionskosten, ab. Der Spielraum der Preispolitik einer Organisation liegt demnach zwischen dem maximal erzielbaren Marktpreis und dem minimalen kostendeckenden Preis.

Grundsätzlich sind mehrere „Kalkulationsarten" einsetzbar, wobei in der Praxis meist alle Faktoren in die „Mischkalkulation" eingehen.

- *Kostenorientierte Preiskalkulation*, bei der die Angebotspreise auf der Basis der Herstellungskosten errechnet werden. Zur Kalkulation kostendeckender Preise ist ein Rechnungswesen mit exakter Kostenrechnung in der NPO notwendig.

- *Konkurrenzorientierte Preiskalkulation*, bei der sich die Preise nach den Angeboten der Mitbewerber ausrichten und die eigenen Leistungen meist billiger offeriert werden. Meist besser als das Unterbieten der Konkurrenzpreise ist allerdings, sich über die höhere Qualität (oder gegebenenfalls auch Quantität) zu definieren und dies auch explizit zu begründen. Denn die eigenen Kosten müssen gedeckt werden und es besteht die Gefahr des Rufes eines Billiganbieters oder Preisbrechers. Beides ist von NPO nicht unbedingt gewollt.

- *Nachfrageorientierte Preiskalkulation*, die dringenden Bedarf oder gar eine Notsituation bei den Nachfragern durch hohe Preise ausnützt. Diese Kalkulationsart passt nur bedingt in das Leitbild einer gemeinnützigen Organisation.

- *Psychologische Preisfestsetzung*, bei der Preise so kalkuliert werden, dass sie optisch niedriger wirken, als sie in Wirklichkeit sind. Nach der Psychologie der Zahlen mutet 1,99 EUR nun mal attraktiver an als 2,– EUR. Drei Viertel aller Preise im Handel gehören zu diesen so genannten Schwellenpreisen. Sie lösen häufiger Impulskäufe aus als „ehrlich" kalkulierte Preise. Preise als psychologisch wichtige Eckwerte lassen sich für NPO bedingt einsetzen.

Politik der Preisfestsetzung

Die Organisation sollte bei der Festlegung und Aushandlung der Preise gut vorbereitet und sich der eigenen Stärken und Nutzen der Angebote bewusst sein. Bei der Preisfestsetzung müssen neben den eigenen Kosten auch die Preisempfindlichkeit Ihrer Kunden und Ihrer Konkurrenz Beachtung finden.

Nutzenpreis

Der Preis stellt aus der Sicht der Kunden den angemessenen Gegenwert für den durch das Produkt ihm gebotenen Nutzen dar. Man spricht hier vom Nutzenpreis. Die Preisfestlegung sollte den aus der Kundensicht wahrgenommenen Nutzen der Konkurrenzangebote miteinbeziehen. Wichtig ist in diesem Zusammenhang die Kenntnis, wie der Kunde den subjektiven Nutzen oder Wert des Produktes wahrnimmt und welches die wichtigsten Nutzenkomponenten für den Kunden sind. Dazu gehören besonders das Image oder der Service. Der Preis soll dem vom Käufer empfundenen Nutzwert angemessen sein, da die Gefahr besteht, dass sich dieser sonst für die Produkte der Konkurrenz entscheiden wird. Bei der Preisfestsetzung ist es daher wichtig, sich einmal mehr in die Situation des Kunden zu versetzen, um ein besseres Gespür zu erlangen, die vom Kunden wahrgenommene Leistung zu „ermessen".

Preis-Sandwich

Jeder Preis ist relativ und bezieht sich auf den Nutzen! Sie sollten daher den Preis als so genanntes Sandwich offerieren. Wenn der Preis in Nutzenargumente eingepackt ist, kann der Kunde das Verhältnis von Preis und Bedürfnisbefriedigung durch den Nutzen besser spüren. Ihre Aufgabe ist es, diese „Preiswürdigkeit" des Angebotes für den Kunden herauszuarbeiten, indem Sie stets den Nutzen betonen. Das Preis-Sandwich:

N   Nutzen

P   Preis

N   Nutzen

Politik der Preisdifferenzierung

Preisdifferenzierung liegt dann vor, wenn für ein und dasselbe Produkt unterschiedliche Preise je nach Kunde, Zeit, Verwendung etc. gefordert werden. Die wichtigsten Spielarten sind die Unterscheidung nach räumlichen und zeitlichen Unterschieden sowie nach Abnehmergruppen.

Bezugsgrößen für eine Preisdifferenzierung (verschiedene Grundpreise) können sein:

- Raum (unterschiedliche Preise von Ort zu Ort)
- Zeit (Saisonpreise)
- Person (Studentenermäßigung)
- Menge (Großabnehmer)
- Verwendung (gewerbliche oder private Nutzung)
- Funktion (günstigere Preise im Rahmen eines Kundendienstes)
- Anspruch (Erste-Klasse-Ticket oder Economy-Class).

Selbst das Gratisprinzip, nach dem neue Produkte erst mal verschenkt werden, um über die Kundenbindung Nachfolgeprodukte (Up-selling) anzubieten, wäre denkbar. Ebenso eine kostenlose Einführungsphase oder günstige Preise in der Probephase (besonderer Einführungspreis), Frühbucherrabatt.

Hinzu kommen die zugehörigen geldwerten Leistungen wie Liefer- und Leistungsbedingungen, Zahlungsbedingungen sowie sonstige Konditionen, die im Endeffekt zu unterschiedlichen Gesamtpreisen führen können: Liefer- und Leistungsbedingungen sind die Zustellung der Ware „frei Haus", Umtauschrecht, Garantie bzw. Gewährleistung, kostenlose Montage etc. Zahlungsbedingungen/Konditionen sind: Zuschläge bei Ratenzahlungen oder im Zahlungsverzug, Skonti als Preisnachlass bei sofortiger Zahlung, Rabatte o. Ä.

Beispiele:

Familienpreise, Aktionspreis, Kennenlernpreis, Begleitperson gratis, Bigspender-Kondition, Ermäßigungen für Dauerspender oder Förderer bzw. für Stammkunden, Treuebonus oder Mengenrabatte (Miles and More), Skonti oder ähnliche flexible Preisgestaltungsformen.

Politik der Preisänderung

Ein wichtiges Thema bei der Preispolitik ist die Festsetzung des Preises. Da Preise allerdings nicht für alle Ewigkeiten festgelegt werden oder Sie spezielle Preisstrategien verfolgen, kommt bei der Politik der Preisänderung den Verhandlungstechniken große Bedeutung zu. Die Preise können sich nach oben (Preiserhöhung der Leistungen) oder nach unten (Preisnachlässe) verändern. Jede Preisänderung braucht einen nachvollziehbaren Grund. Die Preispolitik muss die psychologischen Gesetze der Verbraucher kennen und ins Kalkül nehmen, welche Signale von verschiedenen Preishöhen ausgehen. Man spricht auch von „psychologischen Preisgrenzen". Diese gelten bedingt auch für NPO.

Preiserhöhung der Leistungen

Bei der Preisänderung geht es vielfach um die Frage: „Wie setze ich beim Kunden höhere Preise durch?" Für erfolgreiche Preisverhandlungen ist eine gute Vorbereitung mit Argumenten notwendig. Liefern Sie für eine Preiserhöhung einen Grund, den auch der Kunde (oder Gesprächspartner aus den privaten bzw. öffentlichen Förderkreisen) nachvollziehen kann. Verbinden Sie die Preissteigerung mit einer Wertsteigerung für den Kunden, z. B. durch Verbesserung bestimmter Produkteigenschaften oder durch Verbesserung von Service und Beratung. Denken Sie immer an das Nutzen-Sandwich des Preises. Die folgenden Tipps helfen Ihnen bei den Preisverhandlungen, bei denen es um eine Preiserhöhung Ihrer Angebote geht:

Praxis-Tipp:

- Die eigene Überzeugung vom Produkt ist eine wichtige Ausgangsposition für Ihr Selbstbewusstsein bei den Verhandlungen.

- Machen Sie die Deutlichkeit des Kundennutzens klar wie z. B. Zeitersparnis, Gewinn von Ansehen, Wissen, Komfort, Image, Erfolge, Fortkommen, Mobilität, Sicherheit, Wohlbefinden etc.

- Heben Sie gegebenenfalls auch die soziokulturelle, ökologische, gesellschaftspolitische Bedeutung des Angebotes hervor.

- Weisen Sie auf die Qualität von Service und Beratung hin; machen Sie Ihrem Kunden deutlich, dass er mehr bekommt als nur das reine Produkt.

- Bedenken Sie die Intensität der Kundenbindung, denn überzeugte Stammkunden tolerieren eher eine Preiserhöhung.

- Argumentieren Sie mit dem guten Organisations- und Produktimage, denn Kunden kaufen nicht nur das Produkt selbst, sondern auch das Ansehen, das durch die Nutzung der Organisation vermittelt wird.

- Gehen Sie gegebenenfalls auch auf die Notwendigkeit höherer Einnahmen für die Organisation ein und machen Sie deutlich, wie notwendig die Einrichtung ist und warum es sie auch weiterhin geben muss.

Regeln beim Preisnachlass

Schnäppchenjäger mit Basarmentalität machen auch vor NPO nicht Halt und der Fall des Rabattgesetzes ermöglicht eine freiere „Preisaushandlung". Aber Sie sind auch mit Situationen konfrontiert, in denen Ihre Kunden Ihre Leistungen einfach nicht adäquat bezahlen können. Hier ist Fingerspitzengefühl und Flexibilität, aber auch guter Rat gefragt. Oberste Regel ist und bleibt: Nichts unter seinem Wert verkaufen!

Es gibt mehrere Möglichkeiten, wie Sie professionell auf eine Bitte um Preisnachlass reagieren können, ohne sich drücken zu lassen. Dies setzt voraus, dass Sie im Einzelfall die Hintergründe der Kundenbitte kennen oder in Erfahrung bringen sollten, um die richtige Entscheidung zu treffen.

- Kommen Sie der Bitte um Preisnachlass eher mit einem reduzierten Leistungsumfang nach und fragen den Kunden, auf welchen Teil er verzichten könne, als dass Sie sich im Preis drücken lassen!

- Statt den Preis niedrig zu halten oder gar zu senken, um Kunden zu (er)halten, geben Sie eher mehr als andere und mehr, als der Kunde verlangt! Und lassen Sie Ihre Nutzer dies auch wissen!

- Im Einzelfall sollten Sie überlegen, ob die „Bedürftigkeit" vorübergehend ist und der Kunde nach dem Preisnachlass nicht wieder zu einem treuen Vollzahler wird, der mit positiver Mund-zu-Mund-Propaganda der Einrichtung unter dem Strich doch geldwerte Vorteile bringt.

- Wenn Sie der Konkurrenz aber dann doch notgedrungen Interessenten durch besondere finanzielle Zugeständnisse „abkaufen" müssen, sollten Sie das in einer Weise tun, die nicht schädlich oder prägend ist für Ihr Image. Bauen Sie in Ihre Angebote eine plausible Erklärung in der Form einer „einmaligen Angelegenheit" ein, um nicht zum „Billiganbieter" zu werden. Auch ein Rückgang der Preise sollte gegenüber dem Kunden begründet werden, um Befürchtungen der Qualitätsminderung und anderer Skepsis zu begegnen. Verkaufen Sie die Preissenkungen als Geschenk für den Kunden, dass er sie auch entsprechend honoriert.

Checkliste: Preispolitik

- Wie halten Sie es in Ihrer Organisation mit der Gestaltung der Preise?
- Wie vertreten Sie Ihre(n) Preis(e)? Listen Sie fünf Argumente auf, mit denen Sie vor sich und Ihren Mitarbeitern, besonders natürlich vor Ihren Kunden, den Preis Ihres Angebotes bzw. Ihrer Produktpalette begründen können.

noch: Checkliste: Preispolitik

- Haben Sie die Preise Ihrer Konkurrenz erfasst?
- Können Sie die Kaufkraft und die Qualitätsansprüche Ihrer Zielgruppen einschätzen?
- Haben Sie die momentane Nachfrage auch nach Preisabhängigkeit genau analysiert?
- Sind die Preise entsprechend dem Kundennutzen/Kundenwert entwickelt?
- Haben Sie die Preisakzeptanz erforscht?
- Gibt es eine Zusammenstellung von Argumenten, um die Preise überzeugend und überzeugt zu vertreten?
- Haben Sie das Projekt in einzelne Teilbereiche mit entsprechenden Kosten bzw. Preisangaben unterteilt, einzelne Päckchen geschnürt?

5. Platzierung: Wie kommt das Angebot zum Kunden, wie der Kunde zum Angebot?

Sie erinnern sich an die eingangs vorgestellten fünf P des Marketing-Mix. Alle Begriffe beginnen mit P! Placement oder „Platzierung" ist die Umschreibung von Distributions- oder Vertriebspolitik. Sie haben zum Ziel, die Austauschbeziehungen zwischen Anbieter und Kunde herbeizuführen, zu unterstützen und zu optimieren. Platzierung umschließt alle Tätigkeiten zur Überbrückung räumlicher und zeitlicher Differenzen zwischen Anbieter und Kunde. Gemeint sind die einzelnen Maßnahmen der Organisation, um das Produkt für die Zielkunden insgesamt leicht zugänglich und verfügbar zu machen.

Die Platzierungspolitik spielt im Marketing von NPO eher weniger die Rolle als bei einem Wirtschaftsunternehmen, das auf hohe Kundenfrequenz oder eine umfassende Logistik zur Verteilung der Produkte angewiesen ist. Bei Hilfsorganisationen, die bei Katastrophen helfen, hat die rasche Verteilung von Hilfsgütern sehr wohl eine große Bedeutung. In diesen Fällen muss der Nothilfeeinsatz bzw. die Spendenverteilung in einem Notfallplan festgehalten werden. Woher sind Transportmittel zu erhalten, wie verläuft die günstigste Transportroute, wie wird vor Ort verteilt?

Ziel der Platzierungspolitik

Auch wenn die Bedeutung der Platzierungspolitik für gemeinnützige Organisationen auf den ersten Blick nicht sehr groß sein mag, gewisse Regeln und Anregungen der Vertriebspolitik können sehr wohl erfolgbringend aus der Wirtschaft übernommen werden.

Das Ziel der Plazierungspolitik ist es, bei entsprechender Nachfrage

- das richtige Produkt

- zur richtigen Zeit

- im richtigen Zustand

- in der richtigen Menge

- am richtigen Ort

- zu optimalen Kosten

- bei möglichst niedrig gehaltener Reaktionsschwelle

den Interessenten zur Verfügung zu stellen.

Wichtig: Dem Kunden soll der Kauf so leicht wie möglich gemacht, seine Handlungsbereitschaft soll gefördert werden, denn nicht er ist auf Ihre Organisation angewiesen, sondern Ihre Organisation braucht den Kunden zum weiteren erfolgreichen Bestehen. Das bedeutet, es dem Kunden zu erleichtern, zu Ihrer Organisation und deren Angeboten zu gelangen sowie die Wege des Angebots zum Kunden zu optimieren. Der Mensch ist von Natur aus bequem; machen Sie es ihm so einfach wie möglich, seine Kaufabsichten bzw. den guten Willen (beispielsweise Angebote Ihrer NPO in Anspruch zu nehmen, zu spenden, sich ehrenamtlich zu engagieren o. Ä.) gleich in die Tat umzusetzen.

Die Gestaltung der Platzierung

Eine der Kernfragen der (kommerziellen) Gestaltung des Vertriebssystems ist die Festlegung der Verkaufsform. Hierbei geht es um den persönlichen Verkauf im Laden oder beim Kunden zuhause. Der unpersönliche Verkauf läuft über den Versandhandel, als Teleshopping, über Automaten und mit zunehmender Tendenz über das Internet (E-Commerce).

Da die Produkte von NPO in den meisten Fällen direkt in Zusammenarbeit mit dem Kunden entstehen, entfällt die Frage nach der Vertriebsorganisation, wie z. B. Großhandel, Außendienst oder Vertreternetz. Allerdings kann sich hier die Frage stellen, ob die Angebote in einer zentralen Stelle vom Kunden abgeholt werden sollen, oder ob Bürger- und Kundennähe durch dezentrale Anlaufstellen geschaffen werden sollen. Hier ist auch Standortpolitik gefragt.

Für Organisationen mit Warenproduktion, wie z. B. Behindertenwerkstätten, ist die Frage nach den Vertriebskanälen schon wichtiger: Über welche Zwischenhändler lassen sich die Produkte besser vermarkten?

Je zahlreicher die Kontaktstellen vertreten sind und je einfacher die Reaktionsmöglichkeiten sind, desto eher führt auch eine spontane Konfrontation mit dem Angebot zur Kaufentscheidung. Auch der gute (Vor- und Nach-)Service gehört dazu, speziell bei Dienstleistungsanbietern.

Holwege und Bringwege/Hol- und Bring-Service

In der Sozialen Arbeit wird die Platzierung ihrer Leistungen durch zwei Begriffe, nämlich die Komm-Struktur und die Geh-Struktur der Angebote, ausgedrückt. Damit ist schön umschrieben, worum es bei der Platzierung geht. Welche der beiden Strukturelemente der Absatzwege eingesetzt werden, hängt natürlich vom Angebot wie auch von der Klientel ab.

Bei der *Komm-Struktur* soll es dem Kunden auf unterschiedliche Weise erleichtert werden, die Einrichtung aufzusuchen. Man spricht allgemein auch von „Holwegen", auf denen der Kunde das Produkt abholt. Zu dieser Nachfragenähe gehören beispielsweise gute und bequeme örtliche und zeitliche Erreichbarkeit der Einrichtungen, Gestaltung niederschwelliger Angebote, ansprechende und zielgruppenadäquate Ausstattung der Räumlichkeiten (behindertengerecht, für Kinder geeignet etc.), Parkplätze, gute Verkehrsverbindungen, Abholdienste, Wegbeschreibung o. Ä.

Bei der *Geh-Struktur* bringt der Anbieter das Produkt zum Kunden vor Ort, nach Hause, an den Arbeitsplatz oder wohin dieser es gerade möchte. Über „Bringwege" bringt die NPO dem Kunden das Angebot zu ihm (aufsuchende Arbeit). Angebote von Hausbesuchen, Lieferung frei Haus (z. B. Essen auf Rädern), Nachhausebringen nach Veranstaltungen, Bestell- oder Anmeldemöglichkeiten von zuhause aus, ambulante Dienste, Service am Arbeitsplatz (z. B. Massagen im Bürostuhl) o. Ä.

Komm-Struktur der Holwege: Den Weg des Kunden zum Angebot erleichtern	Geh-Struktur der Bringwege: Den Weg des Angebots zum Kunden erleichtern
■ Vollständige Adresse der NPO ■ Errichtung von Außenstellen ■ Genaue Wegbeschreibung ■ Parkmöglichkeiten ■ Gestaltung des Eingangs/ Abstellflächen (Kinderwagen, Rollstuhl) ■ Attraktive Räume ■ Verleih von Transportmitteln für den Transport von Waren nach Hause ■ Kundenfreundliche Öffnungszeiten ■ Hinweisschilder	■ Bequeme und vielfältige Bestell-möglichkeiten (mit Bestellschein, Fax-Antwort o. Ä.), Kataloge, Versandangebote ■ Erreichbarkeit rund um die Uhr ■ Zügige und zuverlässige Lieferung nach Hause ■ Webside mit Interaktions-möglichkeiten ■ E-Commerce (z. B. Beratung im Internet) ■ Service-Leistungen vor Ort (Catering, Heimservice, Gottesdienst im Altenheim/Krankenhaus) ■ Erleichterung der Reaktion (Über-weisungsträger, Telefonnummer, Adresse, Fax-Antwort, Umschlag) ■ Abholdienst ■ In-House-Seminare ■ Lieferservice, Essen auf Rädern Shuttle-Service, Nachhausebringen

Checkliste: Vertriebspolitik

■ Wie halten Sie es in Ihrer Organisation mit der Gestaltung der Platzierung Ihrer Angebote?

■ Listen Sie alle Holwege auf, die Sie mit gutem Erfolg bzw. mit weniger gutem Erfolg praktizieren. Woran liegen Erfolg bzw. Misserfolg?

■ Listen Sie alle Bringwege auf, die Sie mit gutem Erfolg bzw. mit weniger gutem Erfolg praktizieren. Woran liegen Erfolg bzw. Misserfolg?

■ Welche Abhilfemöglichkeiten gibt es?

6. Promotion, PR oder Kommunikationspolitik – die Öffentlichkeitsarbeit

Das fünfte Marketing-Instrument und auch das im NPO-Bereich vertrauteste ist die PR-Politik, benannt nach dem anglo-amerikanischen P für Public Relations oder Promotion. Beides sind Teilbereiche der deutschsprachigen Bezeichnung Kommunikationspolitik, die ich als Oberbegriff gewählt habe. Mit der Kommunikationspolitik setzt das bekannteste und für den Sozialbereich auch notwendigste Marketing-Instrument ein. Nicht zuletzt im Fundraising kommt der Kommunikationspolitik die größte Bedeutung zu. Erst wenn die Organisation ihre Arbeit attraktiv darstellt, werden Anhänger aller Art sie auch gerne zu ihrer Sache machen.

Marketing besteht nicht allein aus PR-Aktivitäten oder Werbemaßnahmen, wie oft vermutet wird. Zwar geht es überwiegend um die Außenwirkung des Tuns, doch lässt sich Marketing nicht allein auf Öffentlichkeitsarbeit reduzieren. Ebenso wenig kann man die Kommunikationspolitik nur mit Pressearbeit oder mit Werbung gleichsetzen, wie dies landläufig noch oft geschieht. Die Kommunikationspolitik besteht als „PR im weitesten Sinne" aus einem breiten Spektrum an Aktivitäten.

Kommunikation als Lebensader der NPO

Mit der Kommunikationspolitik betreibt die NPO Selbstdarstellung. Mit mehr öffentlicher Präsenz und größerer Transparenz nach innen und außen werden nicht nur verstärkt Kunden angezogen, sondern auch die Türen der Organisation für potenzielle Ressourcengeber, Multiplikatoren und Medienvertreter geöffnet. Dadurch öffnen sich auch die Herzen und später auch die Geldbeutel oder Scheckbücher der Förderer!

Doch auch die Kommunikation hat ihre Grenzen. Ein schlechtes Produkt, das schwer zu erhalten ist und den falschen Preis hat, lässt sich durch noch so intensive PR-Aktivitäten auf Dauer nicht erfolgreich absetzen; die so wichtigen persönlichen Kundenbeziehungen werden Sie damit langfristig auch nicht pflegen können.

Die Kommunikation nach innen und außen ist die Lebensader einer Non-Profit-Organisation. Kommunizieren heißt Botschaften senden und Botschaften empfangen. Durch die gesendete Nachricht sollen Erwartungen, Einstellungen und Verhaltensmuster der Zielgruppen, aber auch der „Teilöffentlichkeiten" gesteuert und beeinflusst sowie die Organisationsidentität kommuniziert werden. Wichtigstes Ziel der Kommunikationspolitik ist es, die potenziellen Kunden auf die Organisation und ihre Angebote aufmerksam zu machen. Dies ist angesichts der immer bunter, schriller und lauter werdenden Kommunikationslandschaft eine Kunst für sich. Kommunikationspolitik umfasst ein breites Spektrum an Aktionsmöglichkeiten.

Man kann nicht nicht kommunizieren

Es ist nicht möglich, keine Öffentlichkeitsarbeit zu machen. Jedes Unternehmen, jede NPO inklusive der staatlichen/kommunalen Organisationen stehen „im Rampenlicht", haben öffentliche Beziehungen. Kommunikationspolitik wird auf allen Ebenen betrieben und ist keinesfalls nur Chefsache! Jeder Mitarbeiter ist Botschafter seiner Organisation, ob er will oder nicht.

Ob eine NPO es will oder nicht, Öffentlichkeitsarbeit findet sowieso und ständig statt – sogar dort, wo man sich dessen gar nicht bewusst ist! Die Formulierung der Stellenanzeigen, Beantwortung eines Anrufes, Gestaltung von Drucksachen und vor allem all die täglichen Auftritte der Mitarbeiter mit oder ohne Kundenkontakt – all dies ist „Öffentlichkeitsarbeit". Auch wenn eine Organisation sich bewusst der Öffentlichkeit entzieht, wird ihre Zurückhaltung schlecht beurteilt. Schweigen vermittelt die Botschaft, dass man entweder nichts zu sagen hat oder dass man gar etwas zu verschweigen hat. Beides sind keine günstigen Voraussetzungen für eine gemeinnützige Einrichtung, die auf möglichst viele Nutzer und Unterstützer angewiesen ist. Dabei gilt der Satz: Es ist das Schicksal einer jeden Institution, einen Ruf zu haben. Die Qualität dieses Rufs ist jedoch alles andere als Schicksal!

Erfolge durch Kommunikationspolitik

Ab und zu findet sich bei NPO noch die Meinung: „Andere Leute geht es nichts an, was in unserer Organisation geschieht" oder „Durch Öffentlichkeitsarbeit kommen nur noch mehr Leute zu uns, die können wir nicht gebrauchen." Auch kursieren bisweilen noch Vorbehalte wie: „Durch PR verkaufen wir kein Stück mehr" oder gar „Die Konkurrenz sollte nicht schlau über uns gemacht werden."

Zunehmend stellt sich eine aktiv geplante und professionell gestaltete Kommunikation nach innen und außen als Erfolgsfaktor für NPO heraus. Gerade in wirtschaftlich angespannten Zeiten, wenn es um die Ausweitung des Absatzes der Angebote, gar um die Rechtfertigung einer Organisation oder um das Aufbringen von finanzieller Unterstützung geht, ist die PR als „öffentliche Beziehungspflege" ein ganz wichtiges Marketing-Instrument. Der hohe Stellenwert der Außenorientierung via der Image-PR-Arbeit und Corporate-Identity-Arbeit ist in vielen NPO noch keine Selbstverständlichkeit. Eine wichtige Voraussetzung ist aber auch eine systematische Entwicklung der Dienstleistungsgesinnung, eine Öffnung und eine Überwindung einer allzu starken „Innenzentrierung auf die ach so gute Arbeit". Viel gute Arbeit, doch die Stärken der Organisation sind in der Öffentlichkeit nicht präsent – dem kann durch professionelle PR abgeholfen werden!

Wichtig: Kommunikationspolitik ist eine zentrale Management-Aufgabe mit der Funktion, die Selbstständigkeit und das Überleben der Einrichtung zu bewahren bzw. zu erweitern. Zeit und Geld, die dafür aufgewendet werden, sind keine lästigen Kosten, sondern überlebensnotwendige Investitionen in die Zukunft der NPO zugunsten der Nutzer und der Gesellschaft, natürlich auch der bezahlten Mitarbeiter! Eine NPO muss nicht erst negative Schlagzeilen machen, bevor sie sich der Öffentlichkeit stellt. Es gibt manche gute Gelegenheit, freiwillig „das Visier zu heben".

Die Organisation sichtbar werden und herausragen lassen

Die Kommunikation hat die Aufgabe zu distinguieren, die Organisation von ihren Mitbewerbern am Markt zu unterscheiden und damit ihren Absender von anderen zu differenzieren. Wichtig dabei ist, dass sich die „Nachricht" des Anbieters im Konzert der konkurrierenden Angebote abhebt, um vom Umworbenen als wichtig wahrgenommen werden zu können. Durch die Maßnahmen der Kommunikations-Politik sollen die eigenen Angebote der Organisation von denen der Konkurrenz unterscheidbar gemacht werden, unabhängig davon, ob ein solcher Unterschied objektiv gegeben ist.

Kommunikationspolitik dient der Forderung nach Unverwechselbarkeit und Uniqueness (Einzigartigkeit) und transportiert die unverwechselbare Identität nach innen und außen. Der Inhalt der kommunizierten Botschaft sollte durchgängig dieses Alleinstellungsmerkmal transportieren und an einer einheitlichen Linie festhalten, um (Wieder-) Erkennbarkeit zu gewährleisten.

Achtung: Kommunikation ist immer nur so gut, wie sie von den Adressaten auch verstanden wird. Angesichts der unzähligen Wahlmöglichkeiten kann heutzutage kein Produkt, keine Dienstleistung, keine Persönlichkeit, kein kommerzieller Anbieter, keine gemeinnützige Einrichtung, keine Behörde/Amt o. Ä. auf Dauer ohne ein deutlich voneinander abgegrenztes Erscheinungsbild einerseits und ohne Vertrauen andrerseits bestehen. Vertrauen ist das wichtigste Gut für einen „Anbieter", dieses erlangt er durch offene dialogorientierte Kommunikation mit den entsprechenden Zielgruppen. Mehr oder weniger zufällig gestreute Informationen reichen nicht, es muss ein Konzept dahinter stehen.

Die Lasswell'sche Formel zur Gestaltung der Kommunikation

Bei der Gestaltung der Kommunikation geht es um folgende Fragen, die in der Lasswell'schen Formel ausgedrückt werden:

- Wer sagt was?
- Zu welchen Bedingungen?
- Über welche Kanäle?
- Zu wem?
- Mit welcher Wirkung?

- Was möchte die Organisation erreichen?
- Wen muss sie dazu ansprechen?
- Wie erreicht sie diese Leute?

Direkte und indirekte Kommunikation

Die direkte Kommunikation läuft über den Kanal der persönlichen (direkten, unmittelbaren) Kommunikation, z. B. durch ein Gespräch. Besonders das Gespräch mit nahe stehenden Menschen beeinflusst das (Kauf-)Verhalten. Diese „Meinungsbildner" haben durch ihre Multiplikatoren- oder Verstärkerwirkung große Bedeutung als Zielgruppe der Kommunikationspolitik. Meinungsführer sind Personen mit überdurchschnittlich häufigen sozialen Kontakten und überdurchschnittlichem Informationsstand hinsichtlich bestimmter Bereiche. Sie werden aufgrund ihrer Kompetenz akzeptiert und üben Einfluss auf das Verhalten anderer aus (Mund-zu-Mund-Propaganda). Weitere Möglichkeiten der direkten Kommunikation sind das persönliche Verkaufsgespräch und der Kontakt über das Telefon. Selbst ein Brief wird als „stummer Dialog" mit dem Kunden bezeichnet. Die modernen Kommunikationsmittel, allen voran das Internet, ermöglichen ebenfalls einen direkten, mehr oder weniger persönlichen Austausch.

Bei der indirekten Kommunikation läuft der Kommunikationskanal über die Streuung von Botschaften über indirekte, anonyme, nicht an einzelne Personen gerichtete Medien. Diese so genannten Massenmedien sind z. B. Film, Funk und Fernsehen oder Anzeigen in gedruckten Medien.

AIDA: Grundregel der Kommunikation

Die Grundregel der Kommunikation ist die bekannte AIDA-Formel als das Gerüst für sämtliche Aktivitäten der Kommunikationspolitik. Damit soll die Steuerung (Stimulus) von Meinungen, Einstellungen, Erwartungen und Verhaltensweisen bewirkt sowie die Reaktion (Response) der Adressaten im angestrebten Sinne ausgelöst werden. AIDA gilt für den Aufbau jeglicher Kommunikationsmaßnahmen:

A   Attention: Aufmerksamkeit durch visuelle Reize, pfiffige Einstiegs-
formulierung, klare/auffallende Headline, um als Medium überhaupt wahrgenommen zu werden

I   Interest: neben der formalen hat die Headline auch die Funktion,
Interesse zu wecken und zum Dranbleiben zu animieren

D   Desire für Wunsch, das Angebot wahrzunehmen, mitzumachen,
sich zu beteiligen

A   Action: unmissverständliche Handlungsanweisungen für den Interessenten bzw. den potenziellen Kunden, was von ihm erwartet wird, als auch konkrete Angaben, wie er tätig werden kann.
Dazu gehören deutliche Telefon- oder Faxnummern, Ansprechpartner oder -zeiten, vollständige Adresse der NPO, die Einrichtung einer Hotline, Angabe von Kontonummer, ausreichend große
Adressfelder zum Ausfüllen des Absenders. Formulierungsbei-
spiele für die Handlungsanweisungen finden Sie beim Thema
Mailing auf Seite 163 f. Für das persönliche Verkaufsgespräch sollten Sie sich ebenfalls geeignete Ausdrücke mit Aufforderungs-
charakter erarbeiten.

Ziele der Kommunikationspolitik

Die Kommunikationspolitik mit ihren unterschiedlichen Teilbereichen
weist ein breites Spektrum an Zielen auf, richtet sich dementspre-
chend an eine Vielzahl von Zielgruppen und Öffentlichkeiten sowohl
innerhalb als auch außerhalb der Organisation, je nach Aufgabenstellung oder Problemlage, und umfasst zahlreiche Instrumente, die als
Kommunikations-Mix ausführlich dargestellt werden.

Ziele der Kommunikationspolitik

- Mitarbeitermotivation und -bindung

- Wecken von Aufmerksamkeit und Bewusstsein bei verschiedenen
  Öffentlichkeiten

- Beeinflussung des Images der Organisation

- Kenntnisvermittlung über ein Angebot/Produkt (Markenkenntnis)

---

noch: Ziele der Kommunikationspolitik

- Präferenzerzeugung für das Produkt (Markenpräferenz, Probierabsicht o. Ä.)
- Kauf oder Inanspruchnahme des Angebotes
- Gewinnung von Unterstützung zur Problemlösung der Organisation

Die Instrumente des Kommunikations-Mix

So unterschiedlich die Zielgruppen und die Ziele der Kommunikationspolitik sind, so zahlreich sind auch die Instrumente, die jeweils zum Einsatz kommen. Die Kommunikationspolitik kann auch mit Public Relations oder Öffentlichkeitsarbeit im weitesten Sinne umschrieben werden, denn sie beinhaltet ein breites Spektrum an Handlungsmöglichkeiten, den Kommunikations-Mix.

Die ideale Wirkungsweise dieses Kommunikations-Mix sieht so aus, dass der Kunde durch Werbung interessiert, durch PR-Maßnahmen informiert oder durch persönliche Kontakte animiert wird, die Organisation als Interessent oder Kunde, natürlich auch als Unterstützer, aufzusuchen. Dort wird er vor Ort durch Verkaufsförderung in seiner Kauf- oder Spendenabsicht unterstützt und tritt in ein persönliches Gespräch mit Mitarbeitern der NPO ein, das im Idealfall mit einer Kauf- oder Spendenentscheidung endet. Maßnahmen des Direkt-Marketing halten den Kontakt zu diesem Kunden. So motiviert, bleibt er der Organisation ein treuer Kunde.

Der Kommunikations-Mix

- Werbung
- Public Relations (interne Öffentlichkeitsarbeit, Events, Prints, Presse- und Medienarbeit)
- Gestaltung der persönlichen Kontakte, Vernetzung, Lobbyarbeit
- Verkaufsförderung
- Sponsoring-Kooperation
- Produkt-Placement
- Direkt-Marketing

Die Werbetrommeln rühren

Wie mache ich die Angebote der Organisation bekannt? Auch die beste Arbeit spricht nicht für sich selbst oder sinnvolle Inhalte allein reichen nicht, Klappern gehört zum Handwerk! Der Werbung kommt im Marketing eine besondere Rolle zu, denn die zentrale Botschaft, wie sie im Alleinstellungsmerkmal und der Positionierung erarbeitet wurde, muss via Werbung lautstark mit der „Werbetrommel" kommuniziert werden, damit die Angebote der NPO in der riesigen Informationsflut (richtig) wahrgenommen werden.

Werbung kostet was, sie zahlt sich aber aus. Wer nicht wirbt, stirbt, so lauten die flapsigen Sprüche der Werber. Werbung ist eine unbedingt notwendige Investition, aber es bedarf eines nicht geringen Werbeetats und einer Portion Geduld, wenn sie nachhaltige Wirkung zeigen soll.

Werbung, Propaganda, Reklame

Unter *Werbung* wird generell die Beeinflussung des Kaufverhaltens verstanden. Werbung ist die Bekanntmachung und Anpreisung der einzelnen konkreten Programmangebote bzw. der Vorhaben der Organisation mit dem Ziel der Handlungsauslösung beim Umworbenen (Kunden). Sie soll die Zielgruppe aufmerksam machen sowie ihr Interesse wecken, es verstärken und erhalten. Der Werbeinhalt soll den Nutzen des Angebotes für die Zielgruppe klar und deutlich herausstellen. Werbung wirkt kurzfristig und ist produktbezogen, d. h. sie orientiert sich am Angebot oder der Dienstleistung und „positioniert" die Organisation als den Absender mit seiner Botschaft gegenüber der Masse. Damit gibt Werbung dem Produkt eine bestimmte Stellung innerhalb der Angebote auf dem Markt. Werbung steigert den Bekanntheitsgrad und trägt zum Aufbau des Images bei.

Propaganda dient zur Werbung für politische oder religiöse Ideen bzw. Zwecke; zur Parteireklame (Wahlpropaganda) oder besonders lautstarken Anpreisung von Produkten, Dienstleistungen, Kandidaten, Ideen. Der Begriff Propaganda löst meist negative Assoziationen aus. Ein Propagandist ist Verkaufswerber für neue Produkte in Kaufhaus oder Markt-Plätzen.

Reklame bezieht sich in erster Linie auf Massenbeeinflussung im wirtschaftlichen Bereich. Sie tritt teilweise marktschreierisch auf und wirkt nicht überzeugend, gilt eher als minderwertige und schlechte Werbung. Der Begriff ist die volkstümliche, von PR-Leuten „ungeliebte" Bezeichnung für Werbung und Propaganda.

Werbeziele, Werbeaktivitäten, Werbenutzen

Werbeaktivitäten haben zum einen die (Erst-)Bekanntmachung bei der Einführung eines Produktes zum Ziel. Diese *Einführungswerbung* ist in aller Regel durch eine besondere Konzentration des Werbeeinsatzes und gleichzeitiges Einsetzen aller Werbeträger gekennzeichnet. Der Aufwand ist ziemlich hoch. Die *Marktfestigungswerbung* hat die Aufgabe, die erlangten Markterfolge zu halten und auszubauen, beispielsweise die Erhöhung des Bekanntheitsgrades und die Ausweitung der Nachfrage nach Angeboten. Mit der *Erinnerungswerbung* wird bei allmählich reduzierten Aufwendungen die anhaltende Etablierung des Angebotes unterstützt und damit der Markt bzw. die Nachfrage erhalten.

Angestrebt wird einmal ein sofortiger Nutzen der Werbeaktivitäten, der sich durch höhere Verkaufszahlen bemerkbar macht. Der mittelfristig erhoffte Nutzen stellt sich über schrittweise bessere Beurteilung und Inanspruchnahme der Angebote ein, besonders auch durch kritische Meinungsbildner, die nicht zu Spontankäufen neigen.

Als bleibenden Nutzen stellt sich die Organisation die positive Imagebildung, die höhere Bekanntheit und das Erreichen der angestrebten Positionierung vor.

Werbemittel und Werbeträger

Erfolgreiche Werbung muss Ihre Zielgruppe erreichen und jedes Medium hat dabei einen eigenen Wirkungsgrad. Die größte Wirkung wird erzielt, wenn Sie mit verschiedenen Werbemitteln Ihre Kunden auf verschiedenen Wegen ansprechen.

Zu den üblichen und bekanntesten *Werbemitteln*, die Ihre Werbebotschaft enthält, zählen folgende „Klassiker":

- Anzeigen
- Beilagen/Beihefte
- Kino- und Radiowerbung
- Plakate
- TV-Spots
- (Hand-)Zettel, Prospekte, Kataloge, Flyer und andere Drucksachen.

Ebenfalls zu den Werbemitteln gehören die Neuen Medien, die sich vorwiegend durch ihre Interaktionsmöglichkeiten von den oben genannten klassischen Werbemitteln unterscheiden.

Die Grenze zwischen Werbemittel und Werbeträger ist fließend. Der *Werbeträger* transportiert die Botschaft zum Konsumenten. Als Werbeträger taugt „alles zwischen Himmel und Erde, wo Werbung draufpasst". Die bekanntesten Werbeträger neben den Print-Medien sind die unzähligen Werbegeschenke von der Streichholzschachtel bis zum Flugzeug oder Ballon. Hier kommen ständig neue, auch interaktive Kommunikationsformen auf, da heißt es, am Ball zu bleiben. Der Phantasie und Kreativität sind keine Grenzen gesetzt. Die Jugend wird eher von diesen innovativen Medien angezogen als durch konventionelle Methoden. Grundsätzlich müssen aber die Werbeträger den Zielgruppen entsprechen! Ein Werbeträger im wahrsten Sinne des Wortes ist das T-Shirt, die Kappe, die Tragetasche. Denken Sie aber auch an Taxi-Quittungen, Fahrscheine, Tickets, Leihzettel von Bibliotheken, kostenlose Postkarten, die in Kneipen verteilt werden. Weitere Möglichkeiten sind Zeitschriften, Zeitungen, TV, Radio, Internet.

Die drei W: Anforderungen an Werbemaßnahmen

Als Grundsätze der Werbung gelten die drei W: Wirksamkeit, Wahrheit, Wirtschaftlichkeit. Sie sind alle eng miteinander verbunden und voneinander abhängig.

Ist eine Werbemaßnahme nicht wirksam, so hat sie ihren Zweck verfehlt und ist somit auch unwirtschaftlich. Je glaubwürdiger die Botschaft, der sie übermittelnde Kommunikationskanal sowie der Botschafter selbst sind, desto wirksamer und störungsfreier verlaufen die Übermittlung und Akzeptanz der Botschaft.

An die Wirksamkeit bzw. Erfolg versprechenden Werbemaßnahmen werden im Allgemeinen folgende Anforderungen gestellt. Sie sollen

- eigenständig und unverwechselbar sein
- in sich stimmig sein und zu den anderen Maßnahmen passen
- im „Grundrauschen" der Reizüberflutung auffallen
- kontinuierlich angelegt sein, ohne zu erstarren
- flexibel sein im Auftritt, ohne ihre Identität zu verlieren
- gezielte Akzente setzen
- Inhalte vermitteln, um sie „lernen" zu können
- Sicherheit der richtigen Entscheidung erzeugen als Balance zur Geldausgabe
- sich auf Kernaussagen konzentrieren und diese Kernaussage mit Beweiskraft füllen
- den Angebotsnutzen erlebbar machen
- den Absender durch das Logo, den Slogan, die „Hausfarbe" o. Ä. verdeutlichen und identifizierbar machen.

Die Begriffe Wahrheit und Unwahrheit in der Werbung sind komplex. Der Konsument will zwar die Wahrheit, aber auch die lockende Scheinwelt der Werbung. Vor allzu großer Unwahrheit soll ihn das Gesetz gegen den unlauteren Wettbewerb schützen.

Idealtypische Gestaltungsmerkmale

Mittlerweile nutzen auch gemeinnützige Organisationen die zahlreichen Möglichkeiten der Werbemittel und Werbeträger, um auf sich aufmerksam zu machen und mit ihren Interessenten in Kontakt zu treten. In der heutigen Mediengesellschaft ist der einzelne Betrachter oder Zuhörer ständig einer enormen Informationsflut auf allen Kanälen ausgesetzt. In diesem Medienkonzert Gehör zu finden ist sehr schwierig, nicht nur für die NPO. Auch wenn Sie in den meisten Fällen die Hilfe von Werbeprofis in Anspruch nehmen sollten, schadet es nicht, einige der Gesetzmäßigkeiten für die Gestaltung der Werbemittel zu kennen. Zu diesem Thema sind auch zahlreiche Bücher auf dem Markt – auch für Organisationen. Nutzen Sie auch informelle Kontakte zu Werbeagenturen oder kostengünstig arbeitenden (weil öffentlich geförderten) semi-professionellen Anbietern.

Grundlegend kann für den Aufwand, mit dem ein Werbemittel erstellt wird, die Einteilung in „Wertklassen" vorgenommen werden. Dabei reicht für Massenwerbung wie (Hand-)Zettel oder Flugblätter eine einfache Gestaltung. Für Informationsdrucksachen für ernsthafte Interessenten wie verkaufende oder beratende Prospekte, Angebotsmappen, Broschüren o. Ä. sollte ein etwas höherer Aufwand betrieben werden. Dieser ist besonders dann notwendig, wenn der potenzielle Kunde längere Zeit sich mit den Unterlagen beschäftigt, wie z. B. beim Katalog.

An Erfolg versprechende Werbung werden einige Gestaltungsvoraussetzungen geknüpft. Als „idealtypische" Gestaltungsmerkmale sollten die Werbemittel

- eine auf den ersten Blick überzeugende Idee haben

- einen Nutzen ausdrücken

- ins Werbekonzept passen

- die richtigen optischen Reize enthalten

- die Zielgruppe ansprechen

- eine logische Verbindung zwischen Text und Bild aufweisen

- eine Spannung herstellen

- mit der Überschrift zum Weiterlesen verlocken

- einen verständlichen und lebendigen Text haben

- ein bestimmendes typisches Gestaltungsmerkmal enthalten

- eine gut lesbare Schrift haben

- in einem der Zielgruppe entsprechenden Werbeträger erscheinen

- dem Produkt entsprechen

- nicht mit Text überladen sein
- zu einer konkreten Handlung auffordern
- Responseelemente enthalten, die dies ermöglichen.

Von klassischer und nicht-klassischer Werbung

Die „klassische" Werbung bietet als undifferenzierte Massenwerbung keine Dialogmöglichkeit, während die „nicht-klassische" Werbung mit interaktiven Responseangeboten, mit meist individueller computergestützter Auswahl der Zielgruppen und personalisierter Ansprache arbeitet.

Beispiel:

Responseelemente sind:

- deutliche und vollständige Adresse der NPO
- Antwort-Coupons zum Zurückschicken
- (möglichst frankierte) Antwortpostkarten
- Bestell- oder Anmeldeformulare
- Beitrittserklärung
- Fax-Antwortscheine
- Telefon- oder Faxnummern
- Telefon-Hotline mit ausreichenden Anschlüssen
- Fax-Polling (Faxabrufmöglichkeit)
- Spendenkontonummer
- Überweisungsträger
- Ansprechpartner oder -zeiten
- E-Mail-Adresse
- Webseiten im Internet (am besten mit Interaktionsmöglichkeit und Chatforen)
- ausreichend große Adressfelder zum Ausfüllen des Absenders

Anzeigen

Die Anzeige wird noch immer als „Königin der Werbung" angesehen. Sie muss schnell die Aufmerksamkeit des Lesers fesseln, damit er sie nicht „überblättert". Die durchschnittliche Betrachtungszeit liegt bei etwa drei bis fünf Sekunden. Nur in den wenigsten Fällen kann sie bei Interesse nochmals gelesen werden, bietet also nur wenig Chance, mehr Informationen und Argumente zu bringen. Vielmehr muss sich die Anzeige auf das Allernötigste an Aussage beschränken. Wichtig für die Anzeigengestaltung sind die zündende Idee, der griffige Text, die überzeugende Gestaltung sowie die geschickte Platzierung (im Werbeträger). Denken Sie dabei auch an das Corporate Design, das Erscheinungsbild der Organisation. In dieses Gesamtbild muss unbedingt auch die Anzeige passen, ebenso wie die Anzeige zum Produkt passen sollte.

Eine einzige Anzeige kann wenig ausrichten, es bedarf der Kontinuität. Eine Faustregel besagt: Man muss eine Anzeige etwa siebenmal gesehen haben, bevor man sie überhaupt wahrnimmt. Bei einem geringen Werbeetat tun auch regelmäßig erscheinende Kleinanzeigen beste Dienste. Besonders erfolgreich sind Anzeigen mit einem Coupon zur Anforderung von Info-Material. Diese „warmen Adressen" sind ein wichtiger Bestandteil Ihrer Adress-Sammlung (Datenbank) für Einladungen, Mailings o. Ä.

Die Entwicklung und die Veröffentlichung von Anzeigen ist in der Regel ziemlich teuer, denn dies sollte von professionellen Werbern durchgeführt werden. Seit einiger Zeit entdecken Werbeagenturen das „Geschäft" mit den NPO und stellen sich als Spender von Anzeigen bis hin zu ganzen Kampagnen zu einem Freundschaftspreis („pro bono" aus Verpflichtung der Gesellschaft gegenüber, natürlich nicht ganz ohne gewinnorientierte „Hintergedanken") zur Verfügung. Setzen Sie sich mit Agenturen in Verbindung, entweder über die Kontaktschiene der informellen Beziehungen oder mit einer Agentur, deren Stil Ihnen gefällt bzw. Ihrer Organisation entspricht.

Plakate

Was für die erfolgreiche Gestaltung von Anzeigen gilt, gilt in verstärktem Maße für Plakate. Plakate gelten als das älteste Werbemittel; sie müssen schnell wirken, da man normalerweise schnell daran „passiert", also vorbeiläuft oder -fährt. Als Grundregel gilt, dass das Motiv und die Botschaft mit einem Blick erfasst werden kann und das Plakat als „Hingucker" nicht mit zu viel Schrift überhäuft sein darf. Für viele Informationen ist keine Zeit, dafür ist das Plakat nicht gedacht. Dieses muss die Organisation „nur" bekannt und den Kunden neugierig machen.

Es gibt eine ganze Reihe von Möglichkeiten, Werbeflächen zur Plakatierung zu mieten. Gemeinnützige Organisationen erhalten bei gutem Verhandlungsgeschick vielfach auch einen günstigen Sonderpreis, fragen Sie einfach z. B. bei der Deutschen Städte-Reklame nach. Achten Sie auch auf die rechtzeitige Reservierung der Flächen, da oftmals ein großer Vorlauf notwendig ist. Bei „gespendeten" Flächen ist der Einfluss auf Lage und Zeit der Veröffentlichung bzw. Plakatierung eher gering.

Broschüren, Flyer, Prospekte, (Hand-)Zettel, Kataloge

Broschüren, Flyer und Prospekte gelten als die Visitenkarte einer Einrichtung, sowohl äußerlich wie auch inhaltlich. Die Grundregel lautet: Weniger ist mehr. Sie sollten keine langatmigen Erläuterungen bringen, auf den Punkt kommen, den Nutzen in den Vordergrund stellen und auch hier den Dialog ermöglichen. Mit einem Prospekt oder einem ähnlichen „Druckwerk" treten Sie sozusagen in ein schriftliches Verkaufsgespräch mit Ihrem Kunden ein. Daran sollten Sie beim Aufbau denken. Ein Prospekt sollte unbedingt auffallen, (wieder)erkennbar und identifizierbar sein und eine einheitliche Handschrift über einen längeren Zeitraum haben. Hier spielt das Corporate Design eine wichtige Rolle, denn ein Prospekt, Veranstaltungskalender oder ähnliche Medien sollten die Organisation repräsentieren. Deshalb sollten Sie diese unbedingt von Fachleuten gestalten lassen, damit sie den gewünschten Erfolg bringen.

Der Handzettel dient der schnellen Information und wird vom Kunden eher verloren, verlegt oder weggeworfen als ein umfangreicherer Prospekt. Er kann daher weniger aufwändig gestaltet werden, wobei jedoch auch hierbei unbedingt die Regeln des Corporate Design beachtet werden sollten.

Der Katalog ist schon wegen seiner Kosten auf eine längere Nutzungsdauer angelegt. Daher sollte er wirklich professionell erarbeitet werden. Hier wäre eine schnell aufgelegte Billigversion die falsche Option!

Kinowerbung, Rundfunk- oder TV-Spot

Durch die Verbreitung auch von regionalen Anbietern kommen die Medien Kino, Rundfunk und Fernsehen stärker zum Einsatz und sind auch eher finanzierbar geworden. Für die Herstellung von Radio- oder Fernseh-Spots sollten Sie unbedingt Profis als Unterstützer „gewinnen". Gleiches gilt für die Kinowerbung, denn nichts ist langweiliger als ein selbstgestricktes Dia mit laienhaft entworfenem und gesprochenem Text. Unprofessionelle Werbung kann auch abschrecken!

Multimedia

Multimediale Werbung bedeutet, dass Texte, visuelle Darstellungen, wie Bilder, Grafiken, Videos, Animationen, und Tonfolgen (Musik, Geräusche, Sprache) miteinander verbunden werden. Botschaften als Mischung aus Text, Bild, Musik, Ton, Film und Wort wirken überzeugender, erzielen höhere Aufnahmequoten. Meist ist Interaktivität gegeben, die eine individuelle Kundenansprache ermöglicht. Ein anderer wichtiger Aspekt ist die Generierung neuer Märkte, denn eine Homepage kann gleichzeitig als Werbeträger und als Vertriebskanal (Online-Shopping, E-Commerce) dienen.

Mit der technischen Entwicklung ergeben sich immer neue Varianten des Dialogs mit den Zielgruppen: Fax-Polling (vorbereitete Infos, die vom Interessent per Fax abgerufen werden können) und das Verschicken von Faxen, Veranstalten einer Tonbildschau und Multivision bis hin zur Multimediaschau, die Herausgabe einer CD-ROM oder eines Videos zu Werbezwecken, E-Mails im Rahmen des E-Commerce als Verkauf über das Internet, Computerdialoge per Telefon (computerisierter Telefonservice/Audiotex), SMS-Nachrichten und das Einrichten von Chatforen und Webseiten im Internet, am besten mit Infos zum Runterladen etc.

Achtung: Um diese Varianten zu nutzen, sollte man sich eines Profis bedienen. Wichtig dabei ist, dass diese Informationen den Zielgruppen durch die klassischen Kommunikationsmaßnahmen erstmal bekannt gemacht werden! Für die Gestaltung dieser multimedialen PR-Instrumente gelten die bekannten Regeln, allen voraus AIDA. Die Techniken mögen sich ändern, die Kommunikationsregeln ändern sich nicht.

NPO Online

Nutzen Sie auch die neuen Medien für Ihre Präsentation im Netz zum Angebot Ihrer Leistungen, zur Erhöhung des Bekanntheitsgrades und des Image, besonders, wenn Sie eine junge Zielgruppe ansprechen. Die Zahl der Internetbenutzer wächst rapide, gerade eine innovative Einrichtung sollte mit einer eigenen Homepage vertreten sein. Ziel ist auch, von der Öffentlichkeit wahrgenommen zu werden und nicht den Anschluss an die neuen Entwicklungen zu verpassen. Wichtig ist auch der Aspekt der Dialogorientierung, die die Beziehung zum Kunden durch besseres Kennenlernen der Erwartungen und Ansprüche der relevanten Zielgruppen ermöglicht und die Kundenbindung stärkt. Dieses neue Medium erfordert ganz spezielle Anforderungen. Das Angebot ist riesig; der User muss beim Surfen möglichst schnell den Eindruck gewinnen, dass Ihre Seite einen längeren Blick lohnt. Diese muss erfassbar und prägnant gestaltet sein, aktuelle Anreize bieten und zum Dialog motivieren. Erwartet werden Übersichtlichkeit und internetgerechte Standards, die ihnen beispielsweise Abstürze und lange Wartezeiten ersparen. Die User sind auch sehr mitteilungsbedürftig und wünschen daher Dialog- oder Diskussionsmöglichkeiten. Weiter verlangen sie auch einen spürbaren Nutzen, entweder als Unterhaltung, relevante Informationen, anregende Themen oder nützliche Serviceangebote.

Wichtig: Lassen Sie Ihre Internet-Werbung unbedingt von Profis gestalten, denn die Klientel ist anspruchsvoll und ins Internet passt keine laienhafte langweilige Homepage mit umfangreichen Selbstdarstellungstexten. Dieses würde eher Schaden anrichten. Zwar sind die Anfangsinvestitionen, zu denen dann noch die laufende Betreuung kommt, relativ hoch, doch werden diese sich langfristig durch professionelle Abwicklung lohnen.

Auf zwei wesentliche Elemente sollten Sie bei der Gestaltung und Pflege Ihres Internet-Auftrittes achten:

- Information über die Organisation und ihre Angebote, aber auch Hintergrundinformationen, die immer aktualisiert werden sollten

- Interaktion in Form von traditionellen Responsemöglichkeiten wie Bestellung oder Info-Anforderung, aber auch Eintragung in User-Dateien und die Präsentation unterhaltsamer Elemente wie Spiele, Rätsel, Preisausschreiben o. Ä.

Werbeaktivitäten sinnvoll planen und durchführen

Vielfach werden Sie die Werbeaktivitäten extern von einer professionellen Agentur erledigen lassen. Es schadet nicht, wenn Sie in Verhandlungen mit „Werbefritzen" stehen, den Ablauf von Werbeaktivitäten zu kennen und sich gründlich auf die Zusammenarbeit mit den (externen) Beratern vorbereitet haben. Einige der folgenden Vorarbeiten bzw. Grundüberlegungen können Sie als Vorarbeit erbringen. Die Anstellung dieser Vorüberlegungen ist zudem Kosten sparend und Erfolg fördernd! Daher sollten Sie sich im Team über die einzelnen Phasen im Klaren sein. Die ersten Schritte sollten Sie unbedingt in Ihrer Organisation abgeklärt haben, um die teure Beratungszeit der Fachleute nicht für Punkte in Anspruch zu nehmen, die Sie leicht intern vorab klären können. Bei der Feinarbeit wie der endgültigen Formulierung sollten Ihnen natürlich die Profis zur Seite stehen!

Die sieben M zur Planung der Werbemaßnahmen
1. Mission: die Definition des Grundauftrags und Leitbilds der Organisation
2. Message: Inhalt der Werbebotschaft
3. Mankind: Bestimmung der Zielgruppe(n)
4. Media: Auswahl der Werbeträger und Werbemittel

noch: Die sieben M zur Planung der Werbemaßnahmen

5. Money: Höhe des Werbebudgets

6. Making: Produktionsphase

7. Measurement: Messung der Werbewirkung

Checkliste: Werbeaktivitäten

■ Wie lautet Ihr Slogan/Motto? Wie sieht Ihr Logo aus?

■ Haben Sie eine Kurzpräsentationsformel ("Dreizeiler") allzeit parat?

■ Sind Slogan und Logo noch zeitgemäß, transportieren sie die aktuellen "Werte"?

■ Haben Sie eine Werbeagentur als Berater? Sind Sie mit ihr zufrieden? Falls nein, warum wechseln Sie nicht? Was hindert Sie daran?

■ Wie sieht Ihre Werbestrategie aus?

■ Welche Kernbotschaft wollen Sie vermitteln?

■ Welche Ziele streben Sie mit der Werbung an?

■ Wie viel Geld haben Sie zur Verfügung?

■ Wen wollen Sie ansprechen?

■ Wer hat ein Faltblatt oder andere Infos über Ihre Einrichtung in der (Hand-)Tasche?

■ Gibt es ein Plakat über Ihre Arbeit bzw. Angebote?

■ Haben Sie eine "personifizierte", also eigene Organisationsvisitenkarte?

■ Gibt es einen vorzeigbaren Videofilm über Ihre Einrichtung?

■ Erreicht das Medium die Menschen, die Sie auch ansprechen wollen?

■ Wie direkt erreichen Sie Ihre Zielgruppe? Wie hoch ist der "Streuverlust"?

■ Wie hoch sind die Kosten pro potenziellem Kunden?

■ Wie hoch ist die Akzeptanz des Mediums bei der Zielgruppe, die Sie erreichen wollen?

noch: Checkliste: Werbeaktivitäten

- Wie groß ist die Ablenkung von Ihrer Botschaft durch das Umfeld?
- Welche Gestaltungsmöglichkeiten bietet das Medium?
- Lässt sich das Medium in dem gewünschten Zeitraum nutzen?

Public Relations

Wie schaffe ich Sympathie für meine Organisation? Nach der Werbung ist die Öffentlichkeitsarbeit oder auch Public Relation(s) bzw. PR das zweite Instrument des Kommunikations-Mix. Im Großen und Ganzen bedeuten diese Bezeichnungen das Gleiche und werden im Folgenden synonym eingesetzt. Nach dem 2. Weltkrieg richtete der Deutsche Industrie- und Handelstag eine Presseabteilung ein, für die aber die amerikanische Bezeichnung Public Relations abgelehnt wurde. Der im Frühjahr 2001 verstorbene „PR-Papst" Alfred Oeckl führte daraufhin den eingedeutschten Begriff „Öffentlichkeitsarbeit" ein.

Was ist PR?

Public Relations (PR) als „Öffentlichkeitsarbeit" bezeichnen die Notwendigkeit und die Kunst, Meinungsbildungsprozesse in Öffentlichkeiten bewusst und kontinuierlich zu organisieren und zu pflegen. Öffentlichkeitsarbeit ist der geplante, systematische und kontinuierliche Einsatz von Sprache, Bildern und Symbolen mit dem Ziel, in der eigenen Organisation ein „Wir-Gefühl" sowie in der Öffentlichkeit und am Markt Konsens, Akzeptanz und für die Einrichtung als Ganzes zu erzeugen. Öffentlichkeitsarbeit gilt als die richtige Kommunikation mit den geeigneten Leuten, denn nicht die Taten (allein) bewegen die Menschen, sondern die Worte über die Taten.

Nach der Deutschen PR-Gesellschaft ist PR das bewusste und legitime Bemühen um Verständnis sowie um Aufbau und Pflege von Vertrauen in der Öffentlichkeit auf der Grundlage systematischer Erforschung sowie als methodisches Bemühen eines Unternehmens, Verbandes, einer Institution, Gruppe oder Person. PR-Politik ist der systematische, kontinuierliche und offene Dialog mit der internen wie externen Öffentlichkeit.

Wer nicht kommuniziert, der verliert. Die effiziente Kommunikation ist für NPO ein entscheidender Erfolgsfaktor. Voraussetzung für das Gelingen ist die Art und Weise, wie kommuniziert wird und wie eindeutig das Erscheinungsbild für die Öffentlichkeiten ist.

Die „öffentliche Beziehungspflege" als der aktiv geplante Gang ins Rampenlicht ist ein enorm wichtiges Marketing-Instrument: Nur wer präsent ist, kann etwas bewegen! Wie für die Werbung, so gilt auch für die PR: Wer unscheinbar im Stillen wirkt und keine bewusste Öffentlichkeitsarbeit betreibt, um vom „Schattendasein mehr ins Scheinwerferlicht" zu gelangen, hat wenig Chancen, in der durch Medien hergestellten und von Reizüberflutung gekennzeichneten Wirklichkeit vorzukommen.

Kennzeichen von Public Relations

Aufgabe und Ziel der PR ist der Aufbau einer positiven Grundhaltung der Öffentlichkeit gegenüber der Organisation. Es geht dabei um die Anpreisung der Organisation, um dadurch die Öffentlichkeit positiv zu beeinflussen und damit Vertrauen zu wecken. Im Gegensatz zur Werbung, wo primär die (End-)Verbraucher die Zielgruppe darstellten, geht es bei der PR um Vertrauenswerbung (durch „vertrauensbildende Maßnahmen") bei vielen Teilgruppen. Dazu gehören die Mitarbeiter, (potenzielle) Kunden, Anteilseigner, Banken, öffentliche Geldgeber, Lieferanten, Nachbarn, Unterstützer und Förderer bis hin zu Verwaltung und Politik, nicht zu vergessen die Medienvertreter.

PR-Arbeit ist organisationsbezogen und zielt auf langfristige Wirkung, nicht auf kurzfristige Gewinnerhöhung („goodwill is more important than short-term profit"). PR fördern öffentliches Vertrauen statt konkreter Angebote. Geworben wird nicht für Produkte, sondern um Vertrauen, um den „guten Willen" des Kunden. Das Thema der Öffentlichkeitsarbeit ist nicht, diese oder jene Eigenschaft einzelner Leistungen und Angebote, sondern die Organisation als Ganzes zu präsentieren, damit die öffentliche Meinung ein bestimmtes positives Bild, ein Image gewinnt. Dahinter steckt natürlich die Erwartung, dass sich Menschen häufiger und lieber an Organisationen wenden, von denen sie eine gute Meinung haben. Auch Spender, Förderer, Stifter, sonstige Geldgeber und (potenzielle) Ehrenamtliche sind Menschen und Kunden, weshalb die PR-Aktivitäten auch ausschlaggebend für Fundraising-Erfolge sind.

Notwendigkeit der PR-Aktivitäten

NPO müssen der Veröffentlichungspflicht in Form von Jahresbericht, Gebührenordnung, im „Kleingedruckten" o. Ä. nachkommen (Publizitätspflicht). Weiter dient die Öffentlichkeitsarbeit notwendigerweise dazu, bestimmte Sachverhalte zu erklären (Legitimationspflicht). Ebenso hat sie die Pflicht zur Information sowohl des (potenziellen) Kunden als auch weiterer Teile der Öffentlichkeit (Informationsfunktion). Letztlich wird sie eingesetzt zur Motivation des (potenziellen) Kunden, etwas zu tun oder zumindest gut zu finden.

Zielgruppen der PR

Öffentlichkeitsarbeit richtet sich an eine Vielzahl von Zielgruppen. Je nach Art der Zielgruppe kommen unterschiedliche Instrumente und Aktivitäten zum Einsatz. Die Zielgruppen lassen sich wie folgt systematisieren:

- Sämtliche haupt- und ehrenamtliche Mitarbeiter der Organisation inklusive den Mitgliedern und Unterstützern („Human Relations", interne PR).

- So genannte Informelle Gruppen, die aufgrund von Gemeinsamkeit(en) untereinander in loser Verbindung stehen, z. B. Arbeitslosengruppen, Anhänger eines Fußballvereins, Theaterinteressenten, Umweltbewusste, Kirchgänger etc. Ansprechpartner für die PR-Arbeit ist hier jeweils ein Multiplikator, in den oben genannten Beispielen das Arbeitsamt, das Stadion, Kulturkritiker, Umweltorganisationen, Pfarrer etc., also „Institutionen" mit Kontakt zu dieser Zielgruppe.

- Soziale Gruppen, die zwar Gemeinsamkeiten, aber keinen direkten Kontakt untereinander haben. Diesen Kontakt kann die NPO über „Kundenclubs" herstellen. So haben beispielsweise die Kunden der Organisation XY einen gemeinsamen Anbieter von Leistungen; den indirekten Kontakt stellt die Kundenzeitschrift her. Viele große und kleinere (spenden-sammelnden) Organisationen haben einschlägige Vereinsmitteilungen.

■ Medienvertreter sind ein besonders wichtiges Bindeglied zu den Zielgruppen und müssen daher als Multiplikatoren speziell „gehegt und gepflegt" werden.

Systematik der PR: intern – extern, direkt – indirekt

Es wird zwischen interner und externer Öffentlichkeitsarbeit unterschieden, wobei sich in der Praxis vielfach eine „gemischte PR" mit diversen internen und externen Zielgruppen (z. B. Krisen-PR) ergibt. Ebenso richten sich viele Drucksachen an alle „Öffentlichkeiten" gleichermaßen.

1. Interne Zielrichtung: interne Informationssysteme sowie Aktivitäten für Mitarbeiter und Förderer aller Art

2. Externe Zielrichtung: externe Aktivitäten der Öffentlichkeitsarbeit mit PR-Veranstaltungen und Eventmarketing für die diversen Zielgruppen, Drucksachen (Prints) und Pressearbeit mit Zielrichtung auf Medienvertreter.

Die PR-Instrumente lassen sich weiter in direkte oder indirekte Ansprache der Zielgruppen einteilen: Man unterscheidet dabei in PR-Instrumente mit *direkter* Ansprache der Zielgruppen, also von Mensch zu Mensch und durch Drucksachen, Multimedia-Aktivitäten und Anlässe/Events. Die PR-Instrumente mit *indirekter* Ansprache der Zielgruppen wirken einmal über Meinungsmacher und Multiplikatoren, zum andern über (öffentliche) Massenkommunikationsmittel.

Analog der verschiedenen Zielgruppen der PR lassen sich folgende vier Instrumente unterscheiden, die Ihnen ausführlich vorgestellt werden. In der praktischen Umsetzung lassen sich die Zielgruppen weniger strikt trennen, einzelne PR-Instrumente und -Aktivitäten sind für mehrere Interessentengruppen gedacht und gemacht:

- interne Öffentlichkeitsarbeit oder hauseigene Informationssysteme für Mitarbeiter
- PR-Veranstaltungen (Events)
- Druckerzeugnisse (Prints)
- Presse- und Medienarbeit.

Hauseigene Informationssysteme für Mitarbeiter

Bei der internen PR geht es darum, das Gefüge der Organisation insgesamt zusammenzuhalten. Motivierte und informierte Mitarbeiter sind wertvolles Kapital (human capital) einer Organisation und stellen einen wichtigen Marktvorteil dar. Die Bindung an die Einrichtung geschieht durch eine ausgeprägte Identifizierung über eine gelebte Organisationskultur zur Stärkung des „Wir-Gefühls". Hintergrund dieses Zusammengehörigkeitsgefühls ist natürlich eine bessere Arbeitsleistung durch höhere Motivation, weniger Kündigungen sowie Entwicklung des Mitarbeiters zum guten Multiplikator, Meinungsbildner und Repräsentant der Einrichtung. Gelungene Mitarbeiter-PR garantieren nicht nur einen optimalen Informationsstand der Belegschaft, sondern bewirken ein „Wir-Gefühl", das wiederum die Mitarbeiterbindung an die Organisation stärkt wie auch ihr einheitliches Auftreten verbessert.

Die Möglichkeiten der direkten und indirekten Ansprache der Zielgruppe Mitarbeiter liegen in der Durchführung von Veranstaltungen, Gestaltung von Drucksachen und persönlichen Gesprächen. Zu den wichtigsten Instrumenten gehören eine gute Einarbeitung und kontinuierliche Schulungen, die Gestaltung von Mitarbeiterzeitschriften und Rundschreiben, Durchführung von Betriebsveranstaltungen und -feiern, Betriebsversammlungen, Diskussionsveranstaltungen, Mitarbeiterclubs, Gestaltung von Konferenzen und Gesprächsrunden, Multimedia-Aktivitäten etc.

Die Haus- oder Mitarbeiterzeitschriften gelten als der Spiegel des betrieblichen Alltags. Nicht allein das zählt, was die Organisationsleitung sagen möchte, sondern auch, was die Mitarbeiter wissen wollen. Den Mitarbeitern sollte Gelegenheit zur Mitarbeit gegeben werden. Möglichkeiten für interne Informationsdienste sind eine Zeitung bzw. kleine Druckschrift, ein Journal/Zeitschrift, die Magazinform sowie eine Kombination dieser Medien – je nach Größe der Organisation. Weitere Möglichkeiten sind die Herausgabe regelmäßiger Informationen wie (transparenter) Jahresberichte, Gestaltung sämtlicher Drucksachen bzw. Materialien, Herausgabe von Schriftenreihen, PR-Anzeigen, Filme, CDs, Broschüren, Bücher, Flugblätter, aber auch Textbausteine für den internen Schriftverkehr, Mitteilungen und Memos am Schwarzen Brett, Nutzung der Bildschirmschoner, Videoclips etc.

Sämtliche Regeln für die Gestaltung von Drucksachen oder Events gelten selbstverständlich auch für interne Veranstaltungen mit Zielrichtung auf Mitarbeiter.

Events & Co

Sie wollen Ihre Zielgruppen (natürlich auch Ihre Mitarbeiter) nicht nur mit gedruckten oder gesprochenen Worten überzeugen, sondern auch mit attraktiven Angeboten, mit Events. Events sind genuss- und erlebnisorientierte Veranstaltungen, inszenierte öffentlichkeitswirksame und medienträchtige, auf die Zielgruppe zugeschnittene Ereignisse mit Unterhaltungs- und Freizeitcharakter, bei denen die Ideen der NPO erlebbar kommuniziert werden. Heutzutage müssen alle Veranstaltungen „Eventcharakter" haben, um im allgemeinen Vergnügungstrend nicht unterzugehen. Das „Eventmarketing" gewinnt große Bedeutung in unserer Spaßgesellschaft. Es hat sich in der letzten Zeit als eigenständiges Gebiet entwickelt, da die Zielgruppen zunehmend gegenüber den üblichen Aktionen „resistent" werden. Events gelten als ideale Plattform der Unternehmenskommunikation.

PR-Veranstaltungen attraktiv gestalten

Das heißt für Ihre Aktivitäten der externen Öffentlichkeitsarbeit: Schaffen Sie Höhepunkte und „Sternstunden" in Ihren Kundenbeziehungen, bieten Sie einen besonderen Anziehungspunkt, damit Ihre Gäste auch gerne der Einladung folgen. Hier sind gute Ideen, Kreativität, Kommunikationsfähigkeit und vor allem Glaubwürdigkeit und

Kontinuität gefragt. Das Hauptmotto der Events sollte heißen: „Anlässe schaffen, Plattformen suchen und nutzen", um gezielt mit der Öffentlichkeit draußen, aber auch den Mitarbeitern drinnen zu kommunizieren!

Und tragen Sie dafür Sorge, dass neben dem notwendigen „fun" auch gute Gespräche zustande kommen können, mit Ihnen und Ihren Mitarbeitern, aber auch zwischen den Eingeladenen. Alle sollen das Gefühl haben, sich in „guter Gesellschaft" zu befinden, das bestärkt die Kundenbeziehung, bei Unterstützern wie bei Käufern! Die Leute wollen nicht (nur) informiert, sondern unterhalten werden. Gute Erinnerungen an gelungene Veranstaltungen sind der ideale Nährboden für eine langfristige Kundenbeziehung.

Ideen für erfolgreiche PR-Veranstaltungen

Ein Blick in einschlägige Medien, von der Wirtschaftszeitung bis zum Klatschblatt, kann Ihnen viele gute Anregungen für eigene Veranstaltungen geben. Selbst der gute alte „Tag der offenen Tür" kann mit pfiffigen Ideen „aufgepeppt" werden. Wichtig ist, dass Ihre Zielgruppe gerne zu Ihnen kommt, die erforderlichen Informationen für Kopf, Herz, Bauch und Magen sowie Anregungen für eine weitere Nutzung der Organisation erhält. Neben den guten Erinnerungen sollten sie ein „Andenken" an die Veranstaltung und die NPO mit nach Hause nehmen können.

Beispiele:

- Kundenclubs, Kundenveranstaltungen wie Feste, auch für die Familie

- Tag der offenen Tür, Betriebsbesichtigung

- Teilnahme an Tagungen, Kongressen, Messen

- Durchführung von und Teilnahme an Wettbewerben

- Auslobung und Vergabe eines Preises

- Veranstaltung von Vorträgen, Konzerten, Symposien, Seminaren

- Veranstaltungen mit Promis an schicken Locations (außergewöhnlichen Veranstaltungsorten) mit Give-aways/Gimmicks (Werbegeschenken)

- Einrichtung von Happy Hour, Jour fixe als „stehende Einrichtung"

- Aufpeppen der Mitgliederversammlung

- Festakte und Jubiläen

Es ist gar nicht so leicht, durch eine Veranstaltung noch „jemanden hinter dem Ofen hervorzulocken" angesichts der Fülle an Konkurrenzereignissen. Hier ist sorgfältig durchgeführtes Eventmarketing angesagt, das frischen Schwung und Happening-Charakter in bisweilen eintönige und bierernste Veranstaltungen von NPO bringt. Events sollen durch den Flair eines besonderen Ereignisses Begeisterung beim (potenziellen) Kunden schaffen, ihn an die Organisation binden und ihn zum (möglichst lebenslangen) Unterstützer machen. Um das Gelingen von Events zu gewährleisten, sollten Sie sich Hilfe von professionellen Dienstleistern holen, die Ihnen gute Tipps geben können, Ideen für exklusive, aber dennoch auf Ihre Zielgruppe zugeschnittene „Einlagen" oder spezielle Örtlichkeiten parat haben und das Management von wichtigen Veranstaltungen beherrschen. Wichtig ist auch, dass die Presse darüber berichtet, hier haben Event-Agenturen oft noch den besseren Draht.

Events haben nicht nur die Vorteile, dass sie neben einer starken Öffentlichkeitswirkung direkte Kontakte mit Ansprachemöglichkeit auch neuer Zielgruppen bieten. Ihre Organisation und Durchführung erfordern einen hohen personellen und finanziellen Einsatz (auch ohne Agentur-Dienste); der bürokratische Aufwand und das Gelingen kann von Unvorhersehbarem wie Wetter oder Konkurrenzveranstaltungen abhängen.

Sechs Anforderungen an ein wirkungsvolles Event
■ Erlebnisorientierung mit positiver Emotionalisierung der Zielgruppe
■ Besonderheit, (fast) Einmaligkeit, „Exklusivität"
■ Vor-Ort-Erlebnis in der Organisation mit Authentizität oder in spezieller „Location"
■ Auf ein ausgewähltes Publikum bzw. die Zielgruppe zugeschnitten
■ Befriedigung von Bedürfnis nach Kommunikation
■ Interaktions- und Mitmachmöglichkeit

Druckerzeugnisse

Ein weiteres Instrument der externen (wie auch der internen) PR sind die Prints oder Druckerzeugnisse. Unter PR-Prints sind sämtliche Drucksachen zu verstehen, die eine Organisation herausgibt, um durch informative Darstellungen der Organisation, ihrer Ziele und Vorstellungen, ihrer gesellschaftlichen Verantwortung und der Wege zu diesen Werten um eine „gute Nachrede" zu bitten: Beziehungspflege durch das gedruckte Wort.

Zeitschriften, Broschüren, Faltblätter (Flyer/Folder), (Hand-)Zettel, Prospekte, Geschäftsberichte und ähnliche Prints sind klassische Medien der Öffentlichkeitsarbeit (und der Werbung). Diese PR-Instrumente müssen alle eine einheitliche Organisationspersönlichkeit vermitteln und natürlich zum Stil der Organisation passen. Machen Sie sich klar: Was wollen Sie wem wie sagen? Die Öffentlichkeit muss anders angesprochen werden als die Mitarbeiter und auch die Öffentlichkeit beinhaltet ganz unterschiedliche Zielgruppen.

Überladen Sie die Prints nicht, der Leser wird es Ihnen danken. Sie sollten aufgelockert, übersichtlich und verständlich formuliert sein. Stellen Sie sich den Leser vor und treten Sie in einen Dialog mit ihm ein. Am Anfang sollte der Leser aufmerksam und neugierig gemacht werden, zum Schluss soll er wissen, was er zu tun hat. Wichtig: Nehmen Sie die Dienste einer Druckerei oder gar einer Werbeagentur in Anspruch, die Ihnen zumindest für die äußere Gestaltung Tipps erteilen kann bzw. diese Aufgabe für Ihre Organisation erledigt. Handgestrickte Materialien zeugen nicht gerade von der Professionalität einer Organisation!

Kundenzeitschrift

Über eine Kundenzeitschrift können die Interessenten sowie potenzielle und aktuelle Kunden (inklusive Unterstützer) Anteil am Geschick „ihrer" Organisation haben. Eine Kundenzeitschrift leistet beste Dienste, um das Zusammengehörigkeitsgefühl zu stärken, gemeinsam für eine gute Sache einzutreten. Sie sollte regelmäßig über neue Projekte, Erfolg (aber auch Misserfolg) laufender Projekte, prominente Förderer, neue Notlagen, Mittelverwendung, Benefiz-Aktionen und Spendenaufrufe etc. berichten.

Eine Kundenzeitschrift kann generell folgende Themen enthalten:

- Berichte über neue Angebote der Organisation

- Reportagen über Mittelverwendung beim Fundraising oder die Nutzen der Organisationsangebote für die Kunden

- Interviews mit Kunden, Mitarbeitern, Förderern und Geförderten

- kleine Geschichten und Anekdoten über Ihre Organisation

- Hintergrundinformationen wie neue Gesetze und Entwicklungen

- Termine und Veranstaltungstipps

- Hinweis auf Mitgliederwerbung und Empfehlungssystem („member-get-member") mit attraktiver Darstellung der Werbeprämien

- Angaben über Mittelherkunft und Verwendung der Mittel

- Impressum

- Vorstellung von Mitarbeitern, Abteilungen oder Organisationsstruktur.

Die PR-Anzeige

Beim Thema Anzeigen gibt es starke Überschneidungen mit den Maßnahmen der (Produkt-)Werbung. Neben der bekannten Werbeanzeige gibt es das klassische Medium der Image-Anzeige. Dieses typische PR-Instrument dient der Vertrauensbildung und Profilierung. Hier stehen die NPO und ihre Leistungen im Vordergrund. Anzeigen dienen aber auch zur Information über bestimmte Themen. Am besten lässt man sich von Profis unterstützen.

Es gibt vier Erscheinungsformen der PR-Anzeige:

- *Bezahlte Imageanzeige:* Der Unterschied zur Werbeanzeige liegt in der Betonung der Organisation als ganzer, nicht auf ihren Angeboten.

- *Bezahlte „redaktionell gestaltete" Anzeige,* die den Eindruck eines redaktionellen Teils erweckt („Schleichwerbung").

- *Kostenlose Füllanzeige,* die oft mit Responseelementen wie Adressfeld für den Absender, Spendenkonto, Telefonnummern, E-Mail-Adresse, Website o. Ä. der NPO ausgestattet ist. Sie hat nicht nur im Fundraising große Bedeutung, um an „warme" Adressen zu kommen. Solche Füllanzeigen platzieren Zeitungen und Zeitschriften, wenn sie Leerstellen füllen müssen (daher der Name). Einfluss auf Zeitpunkt und Platzierung an einer bestimmten Stelle in der Zeitung/Zeitschrift hat die NPO nicht, denn der Platz wird von den Medien an die NPO kostenlos zur Verfügung gestellt.

- Die *Stellenanzeige* wird meist als PR-Instrument verkannt, hat aber eine ungeahnt breite Wirkung und sollte daher mit Sorgfalt gestaltet werden. Stellenanzeigen sind die in der Zeitung abgedruckten Visitenkarten Ihrer Organisation!

Der Geschäftsbericht

Ein wichtiger Teil der PR-Prints ist der alljährlich fällige Geschäftsbericht. Seine Erstellung gilt in vielen NPO als ungeliebte Arbeit zum Jahresanfang und wird oft nur als lästige Pflichtübung angesehen. Dabei kann der Geschäftsbericht als Jahresüberblick, Jahresbericht oder Leistungsbilanz bestens als Mittel der PR eingesetzt werden. Setzen Sie den Geschäftsbericht aktiv als zugkräftiges und selbstbewusstes Mittel für Ihre Öffentlichkeitsarbeit ein; nicht nur für die Mitgliederversammlung, das Finanzamt oder den öffentlichen Förderer, sondern auch für die privaten oder unternehmerischen Unterstützer, die Mitarbeiter, die Presse und andere Multiplikatoren.

Der Ausdruck Leistungsbilanz drückt das Selbstbewusstsein der Organisation aus, der Inhalt sollte dem entsprechen: Keine Selbstbeweihräucherung, sondern ehrliche Reflexion der eigenen Arbeit. Neben dem reinen Zahlenwerk sollten auch die speziellen Interessen und Bedürfnisse der Zielgruppen aufgenommen werden, um die Kundenbindung und die Mitarbeitermotivation zu ermöglichen. Auch hier gelten die Regeln für gelungene Druckerzeugnisse. Qualität geht vor Quantität; eine gute und prägnante Darstellung spricht die Leser nachhaltiger an als eine Fülle von langweiligen Daten.

Plakat und Poster

Neben Veranstaltungs- oder Informationsplakaten gibt es Plakate, die den Adressaten zum Nachdenken, zu Stellungnahmen oder Aktionen wie Teilnahme, Verhaltensänderung oder Spenden bewegen möchten.

Als Blickfänger unterliegen sie besonderen Gestaltungsregeln. Sie müssen auf einen Blick sozusagen im Vorbeigehen in Sekundenschnelle Aufmerksamkeit erregen, leicht erfassbare und verständliche Aussagen enthalten sowie Erfahrungen, Wünsche oder Sehnsüchte ansprechen. Dazu sollte mit der Kombination von Text- und Bildaussagen, mit gestalterischen (z. B. durch Farbe, Format, Bildaufbau, Linien und Formen, Schrift) und inhaltlichen Kontrasten gearbeitet werden. Wenden Sie sich an Profis, die diese Regeln beherrschen und auch schon Erfahrungen im NPO-Bereich gesammelt haben.

Pressearbeit

Mit dem bekannten Spruch: „Wenn über einen nicht geredet wird, ist man out" kommen wir zum dritten Bereich der externen Öffentlichkeitsarbeit der NPO, der Presse- und Medienarbeit. Von Laien wird die PR nur als Pressearbeit definiert und die wichtigen Bereiche der Veranstaltungen und Gestaltung von Drucksachen der Werbung zugeschlagen.

Von der PR-Veranstaltung oder der Fertigstellung des Jahresberichtes zur aktiven Pressearbeit ist es nur ein kleiner Schritt. Sie werden die relevante (meist örtliche) Presse über Ihr geplantes Event informieren, einladen und hoffen dann auf positive Berichterstattung. Oder Sie versenden den Bericht mit einer Pressemitteilung an die Pressevertreter in der Erwartung auf einen Bericht in den Medien.

Mit der Pressearbeit wendet sich die Organisation direkt über die Medien an die „breite" Öffentlichkeit. Für erfolgreiche Pressearbeit ist allerdings eine besondere Anstrengung und professionelles Auftreten notwendig, denn eine PR-Mitteilung wird nur dann von den Medien gebracht, wenn sie gut formuliert und besonders von allgemeinem Interesse ist. Eine positive Erwähnung im „richtigen" redaktionellen Teil, im Gegensatz zur Anzeige, ist natürlich das Höchste in der Pressearbeit, aber nicht um jeden Preis.

Aktive Pressearbeit: in die Zeitung kommen

Zu den Aktivitäten der Presse- und Medienarbeit gehört einerseits die „aktive Pressearbeit", bei der die Organisation von sich aus aktiv auf die Presse zugeht. „Wie komme ich in die Medien?", diese Frage beschäftigt den Pressereferenten am meisten. Die professionelle Auswertung und Aufbereitung der Medienresonanz andererseits ist dem Bereich der „passiven Pressearbeit" der NPO zuzuordnen.

„Keine Presse ist eine schlechte Presse." Die aktive Pressearbeit beinhaltet sämtliche Maßnahmen, die auf eine Zusammenarbeit der Organisation mit Journalisten abzielen, damit diese über die Aktivitäten der Organisation berichten. Das wichtigste „Medium für die Medien" ist die schriftliche Presseinformation in ihren verschiedenen Formen. Zu den Aktivitäten der Pressearbeit in der NPO gehört das Erstellen von Pressemitteilungen, Pressemappen (als sehr ausführliche und umfangreiche Presseinformation) oder eines laufenden „Pressedienstes" mit sämtlichen relevanten Angaben über die Organisation, der bei möglichst vielen passenden Gelegenheiten an Interessierte überreicht werden kann. Dieses Basismaterial sollte ständig aktualisiert werden! Am besten bieten Sie den Pressevertretern auch einen Bilderdienst, falls diese keine eigenen Photographen mitbringen. Auch die Organisation von Presseveranstaltungen und die Beziehungsarbeit zu den Journalis-

ten gehören zum Aufgabenbeich des Pressesprechers. Gute Pressetexte und -kontakte zu Medienvertretern bringen Erfolg. Zielgruppen
der aktiven Presse- und Medienarbeit sind nicht nur die Redakteure
der Medien selbst, sondern auch Pressedienste/PR-Agenturen sowie
die so genannten Materndienste (Agenturen für Spezialthemen und
Sonderbeilagen).

Aufgabenbereiche der aktiven Pressearbeit

- Erarbeiten von Presseinformationen: Pressemitteilungen, Pressemappen o. Ä.

- Bereitstellen eines Pressedienstes/Bilderdienstes

- Verfassen von Fachartikeln und Leserbriefen

- Durchführung von Presseveranstaltungen

- Pflege von Pressekontakten

- Aufbau einer Datenbank

Schleichwerbung und andere Vorurteile über die schreibende Zunft

Ohne regelmäßige Präsenz in der Öffentlichkeit ist ein noch so unei-
gennütziges Projekt einer NPO kaum erfolgreich zu vermitteln. Effektive Pressearbeit erfordert einen ständigen guten Kontakt zu den
Medienvertretern. Zwischen PR-Leuten einer Organisation einerseits
und Journalisten als den Medienvertretern andrerseits herrscht jedoch
nicht selten ein gespanntes Verhältnis. Die Gründe dafür sind vielfältig
und liegen in Missverständnissen beider Seiten.

In gemeinnützigen Organisationen gilt generell die Presse- und
Medienarbeit manchmal noch als gekaufte Schleichwerbung und
diese Tatsache ist die Ursache dafür, dass ihr ein schlechter Ruf
vorauseilt. Auch handeln die „Gemeinnützigen" nicht immer professionell, sodass gewaltige Mengen an schlechter Pressearbeit auf
den falschen Journalisten-Schreibtischen landen. Das Nichterschei-
nen gewünschter Meldungen wird einseitig den „Pressefritzen" an-
gelastet. Vielfach wird auch die Notwendigkeit einer professionellen
Krisen-PR übersehen!

Den Medienvertretern „auf der anderen Seite" ist oft nicht klar, dass sich NPO keine geschulten Pressesprecher leisten können und sie halten deren Themen auch für eher nicht bis wenig medienträchtig. Es liegt nun an Ihnen, die „schreibende Zunft" durch professionelles Auftreten in Wort und Schrift eines Besseren zu belehren!

Die klassischen Fehler der Pressearbeit
■ Im Journalisten den „Freund" oder „Feind" sehen
■ Fehlende regelmäßige Medienkontakte
■ Verspätete Information
■ Mitteilung von Informationen ohne Neuigkeitswert
■ Falsche Reaktion auf Gerüchte
■ Vertuschungsversuche
■ Falschmeldungen
■ Bestätigung von Vorurteilen

Positive Berichterstattung ist nicht käuflich

Während der Anzeigenplatz in Presse, Rundfunk und Fernsehen bei der Anzeigenabteilung käuflich ist und die NPO mit dem entsprechenden Medium einen klaren Vertrag eingeht, ist eine (positive) Berichterstattung durch Journalisten nicht käuflich. Hierbei ist die Organisation kein zahlender (Anzeigen-)Kunde, sondern Partner, eher noch Bittsteller, bei einer für beide Seiten freiwilligen Zusammenarbeit.

Die Grundregel für erfolgreiche Zusammenarbeit mit den Medienvertretern lautet: Man muss den Journalisten mit den richtigen Argumenten und ausreichenden Informationen zufrieden stellen und ihm geben, was er für seine Story braucht. Dann bekommt man auch eine gute Presse. Die Pressearbeit funktioniert nur, wenn die für die Presseverteter gedachten Pressetexte („Waschzettel") als „door-opener" zum Journalisten angesehen werden, darüber hinaus aber über persönliche Nacharbeit in Form von Gesprächen die Idee oder die Arbeit Ihrer Einrichtung gut „verkauft" wird.

Eine professionell arbeitende „Pressestelle" der NPO sollte umfassendes Info-Material als „Backgrounder" allzeit aktualisiert parat haben, um Nachfragen von Journalisten gleich „bedienen" zu können.

Die Pressemitteilung

Der gesamte Inhalt der Sendung an die Medien (Presseaussendung) besteht im Anschreiben, den Presseinformationen, Infos über die Organisation (Backgrounder), einem Antwortbogen, Bildmaterial, Wegbeschreibung und, nicht zu vergessen, die Zugabe von kleinen Geschenken.

Das wichtigste Mittel Ihrer Pressearbeit ist die Pressemitteilung; sie gilt (neben der Anzeige) als die Visitenkarte einer Organisation und entscheidet, welches Bild die Einrichtung von sich vermittelt. Eine Pressemitteilung, auch Presseinformation, Pressenotiz, Presseerklärung oder „Waschzettel" genannt, ist ein kurzer (höchstens eine Seite langer) Informationstext, der an verschiedene Journalisten und Redaktionen, nicht nur an die Presse, sondern auch an andere Medien bis hin zu einflussreichen Multiplikatoren vor einer Veranstaltung (z. B. zur Präsentation des Jahresberichtes) oder einer Presseeinladung geschickt wird. Die Adressaten sollten privat oder beruflich zu Ihrer Organisation bzw. Ihren Zielgruppen einen Bezug im weitesten Sinne haben.

Ein Pressebericht ist die objektive Wiedergabe des Geschehens für die Pressevertreter nach einer Veranstaltung.

Achtung: Sie sollten lieber keine Pressemitteilung versenden als eine ohne Botschaft. Denken Sie also an den Nachrichtenwert Ihres Pressetextes, der sich aus folgenden, nach Wichtigkeit sortierten Nachrichten-Faktoren ergibt. Die Rangfolge und die Auswahl der Faktoren hängen letztendlich von der Art des Mediums, aber auch der Organisation und ihrer Botschaft ab. Folgende vier Faktoren müssen gegeben sein und im Text überzeugend zum Ausdruck kommen, wenn Sie die Chance erhöhen wollen, dass Ihre Pressearbeit auch tatsächlich in den Medien erscheint:

A Aktualität (zeitnah am Geschehen)

N Neuigkeit (keine „ollen Kamellen")

B Bedeutung (für Gesellschaft etc.)

O Originalität (im Lösungsansatz)

Auch Nähe, Human Interest, Prominenz, Folgenschwere, Neuerung/ Fortschritt, Dramatik, Kuriosität, Konflikt/Kampf/Konkurrenz, Liebe/ Sex, Gefühl und Lebenshilfe sind Punkte, die die Qualität der Nachricht bestimmen und die Abdruckchancen erhöhen.

Die sechs W der Pressemitteilung

Pressemitteilungen sind keine Erlebnisaufsätze oder ein persönlicher Brief an den Journalisten, sondern eine Hilfe für ihn, daraus einen Pressetext zu verfassen. Von der Wichtigkeit der Inhalte von Pressemitteilungen wird auf die Wichtigkeit der Organisation geschlossen. Und: Fassen Sie sich kurz! Die Grundregel lautet: Das Wichtigste nach vorn! Beantworten Sie bereits im ersten Satz alle wichtigen W-Fragen: Wer tut was wann? Das Wie und Warum wird im nächsten Abschnitt erläutert. Schreiben Sie ausschließlich in der dritten Person („Die Organisation XY lädt ein …"). Verwenden Sie nur Fakten, keine subjektiven Wertungen.

Die sechs W der Pressemitteilung

- Was will die NPO, was ist das Besondere, was läuft da eigentlich genau?

- Wer ist sie, wer steckt hinter der Aktion?

- Warum existiert sie oder warum treibt sie so einen Aufwand?

- Wo arbeitet sie bzw. findet/fand das Ereignis statt?

- Wann findet/fand das Ereignis statt, gibt es Ansprechzeiten o. Ä.?

- Wie können die Angebote genutzt werden, wie läuft das Ereignis ab, wie kommt man hin und dergleichen?

Die Pressemitteilung sollte deutlich in der Dachzeile über die Art der Information, also als Pressemitteilung, Aufschluss geben.

Die Überschrift/Headline über dem Text entscheidet über das Weiterlesen. Sie ist „eine Einladung" und wird zu 100 % gelesen; der gesamte Text nur zu 10 %. Daher nochmals: Das Wichtigste an den Anfang, die Pressemitteilung wird immer am Ende gekürzt.

Wichtig: Passendes und aussagekräftiges Foto nicht vergessen und das Bild auf der Rückseite beschriften! Der mehr oder weniger ausführliche Untertitel wird oft alleine, ohne Beitrag abgedruckt, daher sollten Sie diesen sorgfältig formulieren und auch hier an die sechs W-Fragen denken. So hat die Organisation doch noch eine Chance, in der Presse genannt zu werden, auch wenn kein ganzer Artikel über sie erscheint. Nennen Sie auch den genauen Absender, die Organisation mit persönlichem Ansprechpartner und günstigen Kontaktzeiten für Nachfragen. Gut ist auch, wenn Sie die exakte Länge des Textes (Zeilen x Anschläge oder Anzahl der Zeichen) angeben.

Die Pressemappe

Die Pressemappe, sozusagen die „Pressemitteilung de luxe", enthält neben der eigentlichen aktuellen Nachricht, am besten in Form mehrerer Pressemeldungen (zu unterschiedlichen Themen in unterschiedlicher Länge), Info-Material über die Organisation, Bildmaterial, Aufkleber, Visitenkarten oder sonst eine deutliche und vollständige Adresse mit Ansprechpartner, eventuell ein kleines Geschenk und den Pressespiegel. Der Pressespiegel ist eine Zusammenstellung ausgewählter Zeitungs- oder Zeitschriftenberichte, die bereits zum Thema bzw. über die Organisation veröffentlicht wurden.

Fachartikel und Leserbriefe

Ein weiteres Tätigkeitsfeld der aktiven Medienarbeit ist das Verfassen und die erfolgreiche Platzierung von Fachartikeln in Fachzeitschriften oder in den allgemeinen Medien. Dies ist ein guter Weg, sich fachliche Anerkennung und damit Imageverbesserung sowie Erhöhung des Bekanntheitsgrades der Organisation zu „erschreiben".

Ebenso sollten die PR-Verantwortlichen das Instrument des Leserbriefes nutzen, um sich einzumischen und Stellung in der Öffentlichkeit zu beziehen. Wichtig kann hierbei die Möglichkeit sein, gezielt Mitstreiter für das Thema zu sammeln. Leserbriefe sollten in Stil, Inhalt und Form auf den Anspruch und die Konzeption des Mediums einerseits wie auf die Erwartungshaltung und das Verständnis der Leser andrerseits achten.

Presseveranstaltungen

Neben dem Erarbeiten schriftlicher Materialien für die Presse ist die Organisation von Presseveranstaltungen eine weitere wichtige Aufgabe der Pressereferenten, bei denen dann Pressetexte mit den genannten „Zugaben" verteilt werden.

Zu den Presseveranstaltungen zählen drei Arten von Aktivitäten: *Pressekonferenzen*, wenn bedeutendere Ereignisse kommuniziert werden sollen, *Pressegespräche* zur informellen Kontaktpflege mit den Medienvertretern sowie das *Interview* als direkte Informationsvermittlung.

Grundregeln für Presseveranstaltungen:

- Erst sich selbst kennen lernen, bevor man anderen sagt, wer man ist!

- Wer nichts zu sagen hat, soll lieber schweigen!

- Ohne Inhalt keine Presseveranstaltung.

- Eine von den Medienvertretern nicht besuchte Presseveranstaltung schadet mehr als eine, die nicht stattgefunden hat. Daher sollten Sie gezielt die Einladungen verteilen, persönlich adressieren und rechtzeitig verschicken.

- Bitten Sie immer um ein Belegexemplar.

- Auf kontinuierliche Kontaktpflege im Vorfeld Wert legen.

- Auf die notwendigen Vorbereitungen und sorgfältige Planung achten.

Die Pressekonferenz

Für eine Pressekonferenz braucht es wirklich wichtige Anlässe. Diese sollten dem organisatorischen Aufwand entsprechen. Beachten Sie bitte die oben aufgeführten Grundregeln!

Wichtig: In der Pressekonferenz wird gearbeitet, dafür müssen Sie das geeignete Umfeld schaffen. Sie ist kein Arbeitsessen; es sollte in der Regel auch kein Essen davor anberaumt werden, aber für das leibliche Wohl sollte dennoch gesorgt sein.

Checkliste: Vorbereitung einer Pressekonferenz

- Genaue Formulierung des Anlasses (die W-Fragen)
- Budget, Zeitablauf und Verantwortlichkeiten abklären
- Themen, Termine, Ort und Rahmenprogramm festlegen
- Inhalte, Sprecher, zusätzliche Experten bestimmen
- Genaue Auflistung der Teilnehmer und Vorbereitung der Einladung
- Organisatorische Einzelschritte wie Versand der Einladungen, Erstellen von Pressemappen, Planung des Ablaufs
- Auflistung der Maßnamen zur Nachbereitung der Pressekonferenz

---

Pressekontakte

Pressekontakte sind ebenfalls sehr wichtig für gute Pressearbeit. Dazu gehören alle Tätigkeiten, um Journalisten zu informieren, zu motivieren und zu „pflegen". Auch das aktive Zugehen auf Medienvertreter, um einen selbst geschriebenen Fachartikel oder einen Leserbrief platzieren zu können, ist Kontaktarbeit.

Wichtig: Halten Sie die Beziehung zur Presse nicht nur in guten Zeiten, bewähren Sie sich auch als Partner in (eigenen) Krisenzeiten, indem Sie weiterhin offen, ehrlich und vollständig informieren. Versorgen Sie auch während des Sommerlochs die Presse mit wertvollen Informationen.

Der Kontaktpflege und dem Anbieten von Hintergrundinformationen dient das Pressegespräch. Hier gilt: Der kleine Kreis fördert den Austausch! Auch aktive (von der NPO gesuchte) Kontakte über das Telefon sind zu empfehlen, denn das Telefon ist generell der wichtigste Draht nach „außen". Bei „passiven" Anrufen sollte der Pressesprecher keine Abwehrhaltung zeigen, sondern erreichbar und ansprechbar sein. Eine weitere gute Kontaktmöglichkeit ist die Pressefahrt. Hierbei kann vor allem informeller Austausch stattfinden.

Digitale Pressearbeit

Das Internet hat in der PR-Arbeit nicht nur als Form der innovativen Darstellung und dem Kontakt zu neuen Zielgruppen besondere Bedeutung. Speziell bei der Pressearbeit kann es in verschiedener Form zum Einsatz kommen. Für Journalisten stellt es mittlerweile die wichtigste Informationsquelle dar. Daneben können die Organisationen Presseinformationen oder andere Neuigkeiten wie Newsletter als E-Mails an die Pressevertreter versenden oder zum Runterladen auf die Homepage stellen. Wichtig ist auch die Funktion als interaktives Kontaktinstrument.

Das Interview

Das Interview, oft auch von den Pressevertretern überraschend anberaumt, ist eine direkte Informationsvermittlung. Dadurch kann sie sich allerdings für die NPO auch als heikle Informationsvermittlung entpuppen, denn: Gesagt ist gesagt. Daher sollten Sie sich gut auf eine derartige Situation vorbereiten, sowohl was die Inhalte der Botschaft betrifft, als auch die Form, wie die Botschaft vermittelt werden soll. Die Art und Weise, wie eine Botschaft ankommt, ist mindestens ebenso entscheidend für den Erfolg wie die Botschaft selbst.

Praxis-Tipp:

■ Die möglichen Fragen sollten dem Befragten bekannt sein, zumindest die Themenfelder bei dem Interviewpartner abklären.

■ Der Medienvertreter sollte die Organisation durch vorab geschickte Info-Materialien schon kennen.

■ Auf jeden Fall sollten Sie aktuelle Materialien bereithalten.

■ Sie sollten darauf achten, dass die Besonderheit der Organisation auf alle Fälle „untergebracht" wird und diese fest einüben.

■ Sie sollten sich auch die wichtigsten Fakten und Formulierungen einprägen und eventuell auf Stichwortzettel notieren.

■ Sie sollten unbedingt um Durchsicht der Aufzeichnungen vor Drucklegung bitten.

■ Eventuell sollte für professionelle Fotografen gesorgt sein.

Der Presseverteiler als Datenbank

Wichtige Grundlage jedes Medienkontaktes, ob schriftlich oder mündlich, ist ein funktionierender Presseverteiler, also die Daten (als Adress-Datenbank im Computer) von freiberuflichen Journalisten, Nachrichtenagenturen, Pressediensten (Zusammenschluss mehrerer PR-Agenturen), Zeitungs- und Zeitschriftenredaktionen, Rundfunk- und Fernsehsendern, TV-Produktionsfirmen sowie von Stellen, die Mitteilungsblätter o. Ä. herausgeben; aber auch von Stellen, bei denen Sie Ihre Materialien auslegen können (Bibliotheken, Behörden und Ämter) oder die diese gar in ihren „Hausverteiler" aufnehmen (Rathaus, Kulturamt etc.).

Voraussetzung für eine professionelle Medienarbeit ist die genaue Kenntnis der Medienlandschaft und ihrer Strukturen sowie der journalistischen Arbeitsweise.

Wichtig sind nicht nur die penible Erfassung der Daten und der Aufbau des Verteilers, sondern auch die Pflege der Adressen. Bauen Sie eine Datenbank auf, in der die regionalen Medien und die jeweiligen Ansprechpartner mit weiteren Informationen enthalten sind. Auch die Multiplikatoren sollten erfasst sein, Vertrauensleute, Meinungsführer, Unterstützer und Kritiker.

Wichtig: Achten Sie auf den richtigen Zeitpunkt, einen Redakteur zu kontaktieren: Der Vormittag gilt als die beste Zeit für den PR-Profi, Kontakt mit der Redaktion aufzunehmen. Nachmittags findet meist die Redaktionskonferenz statt, kein guter Zeitpunkt für ein Gespräch oder die Einladung zu einer Veranstaltung. Der Abend ist oft von anderen Pflichtveranstaltungen belegt.

Passive Pressearbeit

Unter passiver Pressearbeit versteht man in der Regel das Erstellen des Pressespiegels, also das Erfassen, Aufbereiten und Dokumentieren aller über die Organisation erschienenen redaktionellen Beiträge. Diese Zeitungsausschnitte heißen auch Presse-Clippings und können bei speziellen Agenturen in Auftrag gegeben werden. Achten Sie dabei auf eine gute Aufmachung der (sauber) ausgeschnittenen und auf eine speziell gestaltete Unterlage geklebten Meldungen, denn der Pressespiegel als Sammlung von Abdruckergebnissen dient als Dokumentation Ihrer Organisation.

Schön ist ein einheitlich gestaltetes Blatt mit dem Aufdruck der Organisation als besagte Unterlage. Auch gehört die korrekte Bezeichnung des Mediums, am besten angereichert mit der Auflagenhöhe, aus der die „Reichweite" hervorgeht, dazu. Wichtig ist auch das Erscheinungsdatum. Dieses Instrument ist relativ kostengünstig, hat aber große Außenwirkung für NPO! Neben Eigenarbeit und/oder dem Bezug kostenpflichtiger Ausschnittdienste können Sie bei guter Motivationsarbeit auch auf die Mithilfe engagierter Zeitungsleser aus dem Bekannten- bzw. Freundeskreis zurückgreifen, die für Sie verschiedene Medien auswerten. Dies lässt sich übrigens auch gut mit der Konkurrenzbeobachtung verbinden!

Zusammenarbeit mit externen PR-Dienstleistern

Für die professionelle Durchführung einer Werbekampagne, eines wichtigen Events oder wenn die NPO keine personellen Kapazitäten für diese Spezialaufgaben hat, werden bzw. sollten Sie sich der Dienste von Experten bedienen und die fälligen Kosten als notwendige Investition betrachten. Übrigens empfiehlt es sich nicht nur bei der Durchführung von PR-Aktivitäten das Spezialwissen von externen Dienstleistern in Anspruch zu nehmen, sondern auch für eine umfassendere Organisationsanalyse.

Immer gilt, dass der sinvolle Einsatz von Beratern bei den NPO den genauen und ehrlichen Blick ins eigene Innere voraussetzt: Stärken-Schwächen-Profil, Ziele, Fähigkeiten, Ressourcen und Know-how etc. Mit Hilfe von Coaching und dem gutem Willen aller Beteiligten kann das gelingen.

Wenn Sie eine (Werbe- oder PR-)Agentur beauftragen, müsssen Sie genaue Vorgaben machen. Der Vorteil für Sie liegt einmal in der Kostenersparnis, denn jede Beratungsstunde mit der Agentur kostet. Eine gute (strategische) Planung hilft beim effizienten Ressourceneinsatz. Zum andern schult die Erstellung eines „Pflichtenheftes", in dem die Anforderungen der durchzuführenden Maßnahmen festgelegt werden, und zeigt etwaige Unzulänglichkeiten Ihrer Vorhaben und Pläne auf. Diese Ausarbeitung, das Briefing, stellt das Kernstück Ihrer Aufgabenstellung an die Agentur dar.

Im Briefing sagen Sie, an wen sich die Botschaft richten soll (Zielgruppe), was der Inhalt der Botschaft sein soll und welcher „Nutzen" kommuniziert werden soll. Der Dienstleister setzt es danach um.

Es ist nicht leicht, die passende Agentur zu finden, viele davon haben auch nur wenig Erfahrungen mit NPO. Fragen Sie bei Kollegen nach deren Erfahrungen, beobachten Sie die Fachpresse, sammeln Sie die Ihnen zusagenden Anzeigen, lassen Sie sich allgemeine Informationen von Agenturen zukommen und führen Sie unverbindliche Gespräche mit Werbe- und PR-Profis. Denken Sie dabei auch an die Möglichkeit, dass die Agentur auf das (volle) Honorar verzichtet, um durch ein „pro-bono"-Projekt selbst Imagepflege zu betreiben. Die Zeiten sind gerade günstig dafür, da diese Entwicklung noch am Anfang steht und Profilierungschancen für Agenturen verspricht!

Auf Agentursuche

Im Vorfeld der Agentursuche sollten Sie die Agentur nach gewissen Kriterien „abklopfen" und die Inhalte des Arbeitsauftrages exakt klären. Folgende Fragen sind für eine Kooperation mit Agenturen abzuklären:

- Anforderungen an die Agentur definieren (Sitz, Personalstärke, Kompetenzen, mögliche (Full-)Service-Leistungen nach Art definiert)

- Verantwortlichkeiten festlegen: Wer kann was? Wer macht was: die Agentur oder die NPO?

- Höhe der Kosten und Abrechnungsmodus klären (regelmäßige Pauschale oder Einzelabrechnung von Maßnahmen/Aktionen)

- Präsentation oder Testprojekt verabreden; dazu ist das exakte Briefing an die Agentur notwendig.

Zum Briefing müssen nachstehende Punkte intern abgeklärt und in einem Konzeptpapier festgehalten werden, wenn Sie sich auf die Suche nach einem passenden Dienstleister machen.

- Ergebnisse der strategischen Vorarbeiten des Marketing
  - Daten zur internen Ausgangslage (Organisationsanalyse) und Marktuntersuchungen
  - Ziel(e) bzw. angestrebte Wirkung der Kampagne
  - Anzusprechende Teilöffentlichkeiten und ihre Eigenschaften (Zielgruppenanalyse)
  - Eventuell vorhandene(r) Slogan(s), Überschriften, Kernaussagen
  - Besonderheit der Einrichtung, Alleinstellungsmerkmal
- Interne Vorüberlegungen zu geplanten Gesamtmaßnahmen

- Thematische Schwerpunkte, besonders hervorzuhebende Botschaften

- Mögliche Aktionen und Ereignisse

- Vorgesehener Zeitrahmen

- Vorhandenes Budget.

Checkliste: Pressearbeit

- Was bedeutet PR in Ihrer Organisation? Wie läuft sie ab?

- Hat Ihre Organisation eine Jahresplanung der Öffentlichkeitsarbeit?

- Findet man Ihre Organisation mit Beschreibung im Telefonbuch/ Branchenverzeichnis/Internet/in sonstigen spezifischen Verzeichnissen? Wo?

- Kennen Sie die zuständigen Redakteure der lokalen Zeitung(en)? Notieren Sie Namen! Wann waren diese zuletzt bei Ihnen oder wann hatten Sie den letzten Kontakt?

- Wissen Sie, wann die lokale Zeitung Redaktionsschluss hat?

- Kennen Sie Daten zur Reichweite der einschlägigen Medien?

- Kennen Sie die Magazinsendung des zuständigen Radio- oder TV-Senders?

- Wie viele Hörer oder Zuschauer haben diese Medien?

- Können Sie die Themen Ihrer drei letzten Pressemeldungen nennen?

- Haben Sie einen Vordruck für Pressemeldungen, einen für Presse-Clippings?

Persönliche Kontakte, Vernetzung und Lobbying

Neben der Werbung und der PR umfasst der dritte Bereich des Kommunikations-Mix die Gestaltung der persönlichen Kontakte mit der Vernetzungsarbeit und dem Lobbying. Denn: Wer Unterstützer gewinnen will, muss auch gewinnend auftreten!

Vernetzungsarbeit erhält als „Networking" einen immer größeren gesellschaftlichen Stellenwert. Gut informiert zu sein verhilft auch beim Marketing oft zu Vorteilen.

Achtung: Die Begriffe Netzwerkmarketing oder auch Multilevel-Marketing bezeichnen den Direktverkauf an der Haustür, in Büros oder bei entsprechenden Verkaufsparties, wobei die Verkäufer nach dem „Schneeballsystem" angeworben wurden. Das ist nicht gemeint.

Beziehungsarbeit

Dieser Teil der Öffentlichkeitsarbeit für Ihre Organisation läuft weniger nach festen Regeln ab, sondern vielmehr informell und eher in einem Grenzbereich zwischen privater und geschäftlicher Sphäre. Mit Beziehungspflege und Beziehungsarbeit ist in diesem Kontext mehr die Beziehung zum Umfeld (von der Nachbarschaft über politische Entscheider bis hin zu Mitbewerbern) und erst in zweiter Linie die zu den Kunden gemeint. Die Akquisition von neuen Kunden steht nicht im Vordergrund, passende Gelegenheiten können natürlich schon genutzt werden.

Der Stellenwert der Beziehungsarbeit („strategische Allianzen") und Partnerschaften ist sehr groß. In einem „stärkenden" Umfeld gedeiht Ihre Organisation einfach besser und kann von wertvollen Synergieeffekten profitieren. Seilschaften können auch ganz nützlich sein, denn Beziehungen schaden nur dem, der keine hat. Leider haben das die wenigsten NPO erkannt und halten sich noch sehr stark bei Kooperationen zurück bzw. nutzen nicht die Chance von Repräsentationen bei wichtigen Anlässen. Manche halten gar Lobbying für ein „Sich-Einschmeicheln bei wichtigen Leuten, die man eigentlich nicht ausstehen kann".

Praxis-Tipp:

Nutzen Sie sämtliche Möglichkeiten, Beziehungen zu knüpfen und Vernetzungsangebote wahrzunehmen. Tanzen Sie ruhig auf allen Hochzeiten, denn nur so wird man als Repräsentant der Organisation bekannt und kann nicht mehr übersehen werden. Vorträge in Vereinen, privaten Zirkeln oder Volkshochschulen, Wirtschaftsvereinigungen, kirchlichen Kreisen, Clubs oder anderen geselligen Runden bieten sich hier an. Nehmen Sie auch sämtliche Möglichkeiten wahr, politische Systeme beeinflussen zu können. Nur wer präsent ist, kann etwas bewegen, nur wer seine Stimme erhebt, wird gehört.

Checkliste: Vernetzung

- Wie sind Sie vernetzt?
- Mit welchen Erfolgen haben Sie bislang diese Beziehungsarbeit geleistet?
- Wie könnten Sie Ihr Netzwerk noch stärken?
- Was hat Sie bislang davon abgehalten, Lobbyarbeit für die Organisation zu betreiben? Was waren die Gründe dafür?
- Ist Abhilfe möglich?

Verkaufsförderung

Der Bereich, der im Marketing generell und der Kommunikationspolitik von NPO speziell eine im Vergleich zu Wirtschafts- oder Handelsunternehmen eher untergeordnete Rolle spielt, ist die Verkaufsförderung (Sales Promotion). Die Maßnahmen der Verkaufsförderung umfassen kurzfristige Anreize zur Stimulierung des Verkaufs. Dazu gehören die Maßnahmen mit direktem Kontakt zum Kunden, aber auch zum Vertriebspartner, bei denen Kommunikations- oder Absatzziele mittels Verkaufsunterlagen sowie attraktiven Aktionen zum Einsatz kommen.

Die Verkaufsförderung nimmt die Stelle eines Appetitmachers ein und soll einen „Vorgeschmack" auf die Leistung der Organisation geben. Ziel der Verkaufsförderung ist es, dem Kunden in der Phase vor dem Kauf mehr Lust auf den Kauf zu machen und ihn auf den Geschmack zu bringen.

Palette der Sales Promotion

Zu diesen den Absatz puschenden Verkaufsaktionen gehören Händlerseminare, Händlerwettbewerbe, Verkostungen, Warenproben, Merchandising (Verkauf oder Vergabe von Fan-Artikeln), die Durchführung von Preisausschreiben oder Gewinnspielen direkt am Verkaufsort, Verteilung kostenloser Probeangebote (z. B. kostenlose Probehefte, Probewohnen), Zugaben, Schnupperteilnahmen, das Aufstellen von Displays oder „Schütten" (Wühltisch), spezielle Dekorationen des Point of Sale oder attraktive Ladengestaltung, Pflege der Auslage, Produktvorführungen, Aktionen am Info-Stand etc. Die Teilnahme an Messen und Ausstellungen mit eigenem Stand und speziellen Aktivitäten zählt ebenfalls zu den Sales Promotion.

In einigen Organisationen werden derartige Verkaufsförderungsaktionen zwar durchgeführt, aber nicht unter der betriebswirtschaftlichen Bezeichnung. Für eigene Aktivitäten lassen sich durch aufmerksame Beobachtung des kommerziellen Marktes gute Anregungen holen! Mit Phantasie und Kreativität kann auch mit einem kleinen Budget ein guter Erfolg wie höhere Teilnehmeranmeldungen, mehr Verkäufe, größere Mitgliederzahlen, Spendengelder o. Ä. erzielt werden. Preisausschreiben werden besonders auch unter dem Aspekt der Adressgewinnung durchgeführt. Horten Sie diese (warmen) Adressen, sie sind Geld wert!

Sponsoring

Ein weiterer Bestandteil des Kommunikations-Mix ist das Sponsoring. Das Instrument Sponsoring stellt die werbewirksame Unterstützung von sportlichen, kulturellen, sozialen, kirchlichen und ökologischen Aktivitäten durch einen Sponsor (Geldgeber) dar. Es ist gekennzeichnet durch die (geldwerte) Leistung des Sponsors und Gegenleistung durch die gesponserte Organisation oder Person (Geldnehmer) in Form von Medienwirksamkeit. Förderung durch Forderung!

Als Sponsoren treten vorwiegend Wirtschaftsunternehmen auf. Gesponsert wird überwiegend im Sport. Der Anteil der Sponsoringausgaben für gemeinnützige Organisationen aus Kultur, Sozialbereich, Kirche, Ökologie ist relativ gering. Ziel ist höchstmögliche mediale Aufmerksamkeit bei der Zielgruppe. Diese Werbung „below-the-line" dient ausschließlich dem Kommunikationsgewinn. Für alle Sponsoring-Aktivitäten jenseits des Sport gilt: Gesponsert wird nicht aus Nächstenliebe oder Menschenfreundlichkeit, sondern ausschließlich aus Gewinnerzielungsabsicht.

Die NPO als Sponsor?

Sponsoring kann auch für NPOs interessant sein, wenn diese selbst als Sponsoren auftreten und als Gönner öffentlichkeitswirksam die Vorteile dieser Kommunikationsaktivitäten nutzen. Es macht sich immer gut in der Öffentlichkeit, wenn gemeinnützige Organisationen nicht nur die Hand aufhalten, sondern sich auch für andere engagieren. Es müssen schließlich keine großen Geldsummen fließen, Hauptsache, die Medien berichten über die pfiffige Aktion!

Product-Placement

Wenn Produkte gezielt in Medien (mehr oder weniger) demonstrativ platziert als Requisite gezeigt werden, so spricht man von Product-Placement. Gemeint ist damit die werbewirksame visuelle oder verbale Integration von Produkten bzw. Dienstleistungen in Medienprogramme. Wenn in einem Fernsehkrimi die Rede davon ist, dass die ermordete Person ihr Erbe einer namentlich genannten Kinderhilfsorganisation vermacht hat, fördert das den Bekanntheitsgrad! Das gilt auch, wenn Interviews bekannter Persönlichkeiten „zufällig" von dem gut leserlichen Plakat einer Organisation gehalten werden oder ihre Sparbüchsen bei einer Veranstaltungsübertragung gut sichtbar „ins Bild gerückt" werden.

Product-Placement hat aufgrund seiner besonderen Wirkungen gute Erfolgsaussichten für die Zukunft des kommerziellen Marketing, könnte allerdings bei entsprechender Kontaktarbeit zu regionalen Film- und Fernsehschaffenden und guter PR auch für NPO interessant werden.

Nehmen Sie Kontakte zu lokalen Fernsehsendern auf, die vielleicht eine Handlung vor Ihren Gebäuden, in Ihren Räumen oder mit deutlich erkennbaren Requisiten produzieren wollen. Dabei sollte das Logo der NPO nicht zu übersehen sein!

Checkliste: Verkaufsförderung/Sponsoring/Product-Placement

- Wie/wodurch geben Sie potenziellen Kunden eine Probe Ihrer Angebote?
- Wie könnten diese Aktivitäten ausgeweitet werden?
- Wer kennt eine NPO, deren Unterstützung sich medienwirksam durchführen lässt?
- Passen diese Aktionen zu Ihrem Leitbild und den Zielgruppen?
- Wer hat Kontakte zu Regisseuren des lokalen TV-Senders?

Direkt-Marketing

Seit vielen Jahren schon wird Direkt-Marketing bzw. die (synonyme) Direktwerbung bei der Absatzförderung von Wirtschaftsunternehmen mit großem Erfolg eingesetzt. Beim Fundraising gehören die Spendenbittbriefe zu den Klassikern. Auch das Spendensammeln oder die Mitgliederwerbung an der Haustür bzw. an Infoständen wird mit Erfolg praktiziert.

Hatten wir im ersten Marketing-Instrument, der persönlichen Ansprache, den Schwerpunkt auf die Kontaktaufnahme und die Gesprächsführung von Angesicht zu Angesicht oder per Telefon gelegt, geht es beim Direkt-Marketing zusätzlich um die „personalisierte Ansprache" im Brief an (potenzielle) Kunden. Verstärkt kommt das Internet zum Einsatz, in dem auch Neukundenansprache möglich ist.

Direkt an die Zielgruppe zugestellte Prospekte, Kataloge, Warenproben, Einladung etc. oder direkt auf der Straße, in Geschäften, an der Haustür, bei Ausstellungen o. Ä. verteilte Prospekte bzw. andere Infos über den „Absender" der Aktion zählen dazu.

Wie direkt ist direkt?

Das Wort *direkt* drückt aus, dass der direkte Kontakt zum Kunden durch persönlichen Verkauf gesucht wird (an der Haustür, bei Parties, am Infostand, also möglichst face-to-face zum Kunden, aber auch per Telefon). Dabei ist die Stoßrichtung der Maßnahmen auf den einzelnen Interaktionspartner gerichtet. Im Gegensatz dazu steht die „Massenwerbung", die sich an eine Vielzahl von Menschen richtet und hohe Streuverluste hinnehmen muss, wenn sie einfach nicht bei den Richtigen ankommt.

Auch die *indirekte* Kontaktaufnahme zu den potenziellen Kunden über Briefe, das Internet, per Hauswurfsendungen („an alle Empfänger der Tagespost"), über Beilagen oder Anzeigen in den Massenmedien Zeitschriften/Zeitungen zählt zum Direkt-Marketing.

Personalisiert bedeutet, Ansprache über die exakte individuelle Adresse und Ansprache mit Namensnennung, beispielsweise in einem Werbe- oder Spendenbrief oder im Internet. Diese Adressen wurden nach intensiver Recherche, bei Erstkontakten beispielsweise, oder durch gute Adressverwaltung herausgefunden, dadurch kann die Zielperson mit Namen angesprochen werden.

Weitere Kennzeichen des Direkt-Marketing sind die „Response-angebote", d. h. die Möglichkeit für den Kunden, sofort zu reagieren sowie das Ziel, sofort messbare Reaktionen zu erfassen.

Werbebriefe und Spendenbitten als Mailing

Der typische Vertreter des Direkt-Marketing ist der Werbebrief oder das Mailing. Darunter versteht man das ganze schriftliche Material, mit dem man zu möglichen Interessenten und Kunden Kontakt aufnimmt, den Versand von Verkaufsbriefen und Broschüren sowie den

Katalogversand. Zu den neuen Varianten gehören die Nutzung von E-Mail und anderen Interaktionsmöglichkeiten im Internet (z. B. E-Commerce).

Ein *Mailing* ist die anlassbezogene (z. B. für die Verkaufsaktion, Spendergewinnung oder Mitgliederwerbung) Aussendung von Werbebriefen auf dem Postweg an Adressaten, die vorher anhand von Auswahlkriterien meist aus Datenbanken als Erfolg versprechend selektiert wurden. Das Mailing bedeutet Massenversand von Werbebriefen mit und ohne Beilagen (Package). Zu diesem „Paket" gehören neben dem eigentlichen Verkaufsangebot in Briefform Informationsmaterial, ein Bestell- oder Faxformular, Überweisungsträger, kleine Werbegags, eventuell ein (frankierter) Rückantwortumschlag. In manchen kommerziellen Mailings liegen noch Gewinnspiele, Rubbellose, Aufklebematerial mit angeblichen Gewinnnummern o. Ä. bei.

Auch der Absatz von Leistungen einer NPO kann über das klassische Direkt-Marketing laufen, zum häufigen Einsatz kommt das Mailing als Bittbrief beim Fundraising. Hier ist das Mailing eine altbewährte Methode, um Mittel für den Fortbestand der Hilfsorganisation zu beschaffen. Auch der mehr oder weniger breit gestreute Versand von Seminarprogrammen und Angebotsofferten gehört zum Direkt-Marketing.

Vielleicht ziehen Sie ein Mailing in Betracht, um beispielsweise Ihre Mitgliederbasis zu erhöhen oder um Spenden zu bitten. Daher soll dem Brief bzw. dem gesamten Package ein besonderes Augenmerk geschenkt werden. Das Package kann enthalten:

- Versandhülle (Umschlag) mit richtiger Anschrift, Logo-Aufdruck, Hinweis auf enthaltenes Geschenk, Themenhinweis, persönlicher Absender, passende Frankierung (Briefmarke, Freistempler, Freivermerk)

- eigentliches Verkaufsangebot oder Spendenbitte in Briefform

- Informationsmaterial

- Bestell- oder Faxformular

- Überweisungsträger oder Einzugsermächtigung
- kleine Werbegags als Informations- und Reaktionsverstärker
- Rückantwortumschlag.

Rentiert sich das Mailing?

Das breit gestreute Mailing ist anfangs sehr kostenintensiv, hat aber mittel- bis langfristig Aussicht auf gute bis sehr gute Erträge. Durchschnittlich kann man davon ausgehen, dass die erste Rücklaufquote (an neue „Kandidaten" oder auch Kaltakquise genannt) unter 1 % liegen wird. Die Adresse kommt erst etwa nach dem dritten bis vierten Anschreiben in die „Gewinnzone". Natürlich hängen diese Zahlen von der Art der Einrichtung und ihrer Angebote, der Qualität des Mailing und vor allem von der Auswahl des Adressmaterials ab.

Im Trend sind individualisierte Anschreiben für eine ausgesuchte Zielgruppe. Mit einer kleineren Empfängerzahl (so genanntes Kleinmailing) rechnet sich das Mailing durchaus auch, wobei jedoch hier die Adressen besonders wichtig sind. Dieses Instrument eignet sich gerade für kleinere und mittlere Einrichtungen, die über ein gutes Adressmaterial verfügen.

Die Adresse als Erfolgsfaktor

Es gibt drei Erfolgsfaktoren, um (neue) Kunden durch Direkt-Marketing-Aktivitäten zu gewinnen: Adressen, Adressen, Adressen. Ein geflügeltes Wort lautet: Besser ein schlechter Brief an eine gute Adresse, als ein guter Brief an eine schlechte Adresse. Die richtige Adresse macht den entscheidenden Unterschied!

Der absolute Hauptfaktor im Direkt-Marketing (inklusive beim Fundraising) ist die Qualität der einzusetzenden Adresse. Der Streuverlust von Mailings ist immens, daher ist eine exakte Zielgruppenbestimmung bedeutsam. Zur Adressengewinnung muss sich die Einrichtung gründliche Gedanken gemacht haben, wen sie anschreiben will, und eine oder mehrere Zielgruppen für sich definieren.

Bei den Adressen unterscheidet man je nach Intensität der Beziehungen kalte, warme und heiße Adressen. Unter *kalten* Adressen versteht man diejenigen Personen, mit denen noch keinerlei Kontakte bestanden. Sie wurden aus Adressbüchern ausgesucht, in größerem Stil bei Adressverlagen oder so genannten Listbrokern (Adressenhändlern) gekauft oder von befreundeten Organisationen übernommen. Bei der „Kaltakquise" stellt man eine Idee, ein Angebot also erstmalig vor.

Achtung: Mit diesen kalten Adressen darf nur per Brief, nicht per Telefon in Kontakt getreten werden!

Eine *warme* Adresse hat auf den Werbe- bzw. Spendenbrief schon mal reagiert (mit Anforderungen von Materialien oder mit einer Bestellung, hat sich ins Gästebuch eingetragen oder stand bereits in lockerem Kontakt zur Einrichtung). Diese warmen Adressen können sowohl angeschrieben als auch angerufen werden.

Die *heißen* Adressen gehören zu den Personen, die Kunden sind oder gar sich zu einem mehr oder weniger treuen Kundenstamm entwickelt haben („Hausliste"). Es sind Ihre Kunden oder Spender, die sich durch ständige Nutzung der Organisationsangebote oder Dauerspenden auszeichnen und die Ihnen vielleicht, bei guter Betreuung, ein Leben lang die Treue halten.

Database-Management zur Adressenverwaltung

Zur Adressengewinnung gehört auch eine gute Adressenpflege, ein funktionierendes Database-Management. Neben der Erfassung der Kundendaten hat das Database-Management das sorgfältige Erfassen, Speichern, Aufbereiten und Pflegen des Adressbestandes zur Aufgabe. Wenn Sie Briefe verschicken, können Sie nicht für jede Aktion Fremdadressen mieten oder kaufen. Sie werden überwiegend mit eigenen warmen oder heißen Adressen arbeiten.

Profiling im Database-Marketing

Die geforderte Kundenorientierung erfordert zweifelsohne auch ein neues Informationsmanagement, eben eine gut funktionierende Datenbank. Daten zu den individuellen Bedürfnissen wollen laufend gesammelt, analysiert, aufbereitet, bewertet und wieder eingesetzt werden.

Durch die systematische Auswertung und Nutzbarmachung der in der Datenbank enthaltenen Kunden-Informationen werden die Profile bestehender Kunden analysiert, um ihre demographischen und weiteren Eigenschaften mit ihren Nutzungsgewohnheiten in Bezug zu setzen („Profiling"). Das Ziel ist es, den Kontakt mit diesen Kunden so eng wie möglich zu halten, häufig durch Direkt- oder Dialog-Marketing, und so langfristige Beziehungen aufzubauen. Mit den richtigen Argumenten sollen dem Kunden zum richtigen Zeitpunkt möglichst maßgeschneiderte Angebote gemacht werden. Diese aktuelle Methode ist derzeit unter dem Begriff des Customer-Relationship-Marketing in aller Munde.

So gelingt Ihr Mailing

Der erste Schritt des Mailings ist getan, sie haben gutes Adressmaterial. Weiter entscheidend für den Erfolg des Mailings ist nunmehr die Gestaltung und besonders der Einstieg in den Brief.

Eine bewährte Regel zur Gestaltung des Mailing lautet: Es gibt nur gute und schlechte Briefe, keine zu langen oder zu kurzen. Was aber ist gut oder schlecht? Das ist nicht nur Geschmackssache, sondern ist auch abhängig von der Organisation und ihren Angeboten, der Zielsetzung des Mailing, Modetrends, vom Zeitpunkt und von den persönlichen Umständen des Adressaten.

Einige Grundregeln gilt es dennoch zu befolgen, insbesondere die schon mehrfach erwähnte AIDA-Regel: Aufmerksam machen schon mit dem Umschlag, Interesse wecken mit dem Einstiegssatz, Wunsch erwecken mit der Offerte (Kauf, Bestellung, Info-Anforderung, Spende, Beitritt u. v. m.) und Handlungsaufforderung mit konkreten Anleitungen des Appells.

Einen guten Brief zeichnet Folgendes aus:

- Auf den Einstieg kommt es an, ob die Hürde zum Weiterlesen genommen ist oder die Ablage Abfallkorb gewählt wird.

- Die ersten zehn Worte sind wichtiger als die nächsten 500!

- Schreiben Sie über Menschen, Dinge, Tatsachen, nicht über abstrakte Produkte oder Angebote.

- Schreiben Sie, wie Sie sprechen, formulieren Sie einfach.

- Schreiben Sie in Ich-Form, als Mensch, nicht als Funktionsträger.

- Denken Sie immer an den Empfänger, schreiben Sie nicht aus Ihrer Perspektive.

- Sprechen Sie den Empfänger direkt an, formulieren Sie aus seiner Warte heraus.

- Stellen Sie seinen Nutzen heraus.

- Beginnen Sie für jede Idee einen neuen Absatz.

- Streuen Sie direkte Fragen und Ausrufe ein.

- Finden Sie Worte und Bilder, die das Wesentliche auf einfache Art übermitteln.

- Formulieren Sie anschaulich und lebendig.

- Denken Sie auch an die „Zauberwörter" wie neu, besser, gratis, günstig, nur für Sie, Spezialofferte, Sonderangebot, nur so lange der Vorrat reicht, Gewinn, Erfolg, Glück o. Ä.

Nicht nur der Inhalt zählt für den Erfolg, auch die Gestaltung des gesamten „Pakets" ist wichtig. Sie entscheidet sogar maßgeblich, ob der Brief überhaupt gelesen wird bzw. dessen Botschaft die Chance erhält, beim Leser anzukommen. Und ob es dem Adressaten leicht gemacht wird, auf das Angebot durch beigefügte Responseelemente zu reagieren.

Zur formalen Gestaltung des eigentlichen Briefes einige Tipps zur Package-Gestaltung: Sie sollten diese Anregungen aufgreifen, wenn Sie im Hause „nur" ein Kleinmailing durchführen. Dabei sollten Sie auch an das Gewicht und die Postbestimmungen denken (das Porto ist der größte Kostenfaktor) und Planungs- und Durchführungszeiten einkalkulieren!

Praxis-Tipp:

- Unterschrift leserlich und am besten in Tintenfarbe machen.

- Reaktionsträger wie Fax-Antwort oder Bestellschein als wichtigsten Bestandteil nach dem Brief nicht vergessen. Kann mit Informationen angereichert sein, die einen Prospekt überflüssig machen.

- Gestaltung des Umschlags: Heben Sie sich entweder von der Masse ab, wenn Sie erkannt werden wollen. Oder: Bleiben Sie so anonym wie möglich, wenn Sie den Neugiereffekt erzielen wollen.

- Ein beigefügter Prospekt sollte einfach, gut verständlich, kurz und präzise sein.

- Im Brief sollten Sie weniger „Passbilder mit Schlips" als viel mehr „Aktionsphotos mit Nutznießern" der Angebote verwenden.

- Wenn schon nicht mit personalisierter Adresse, dann doch mit „handgeschriebener" Anrede oder einer ansprechenden Formulierung („Liebe Freunde des Hauses") beginnen.

- Sie sollten so nahe wie möglich am Erscheinungsbild eines handgetippten Schreibmaschinenbriefes bleiben.

- Sie sollten in jedem Fall die Blickverlaufskurve mit Fixationspunkten beim Betrachtungsablauf beachten, wie sie für 92 % der Leser typisch ist: Diese „Lesekurve" richtet sich zuerst auf den Absender (kenne ich den ??), geht dann zur (richtig ?? geschriebenen Adresse) und zur entscheidenden Stelle, der Schlagzeile (ehemals Betreff). Über eventuelle Blickpunkte oder „eye catcher" wie Bilder oder markante bzw. markierte Textstellen rutscht der Blick auf das P.S., das daher die Botschaft bzw. die Handlungsaufforderung nochmals wiederholen sollte. Viele Leser lesen sogar das Postscriptum zuerst.

Wichtig: Mailings im größeren Stil sollten Sie nicht ohne spezielle Dienstleister durchführen, wenn Sie nicht Gefahr laufen wollen, viel Geld in den Sand zu setzen. Die allerdings nicht unbeträchtliche Investition für ein Spenden-Mailing sollten Sie nicht scheuen und einen Profi damit beauftragen. Es rechnet sich!

Das Internet als Direkt-Marketing-Instrument

Dem Internet kommt neben dem gängigen Mailing zunehmende Bedeutung zu, gerade für das Direkt-Marketing. Online- bzw. E-Mail-Marketing gilt als die Methode der Zukunft, wie Sie schon erfahren konnten. Auch wenn diese Aussage sich in der Hauptsache auf den kommerziellen Bereich bezieht, so sollten die NPO sich mit der Materie befassen und gegebenenfalls die Einrichtung einer Homepage in Erwägung ziehen. Der Internet-Auftritt dient nicht nur als interaktive Kommunikationsplattform mit den (potenziellen) Kunden und der Imageförderung, sondern auch als Absatzkanal von Angeboten wie als Möglichkeit zur Spendenakquisition oder Mitgliederwerbung. E-Mails, E-Newsletters, Bannerwerbung, Spenden-Online-Portale, Kunden- und Spenderprofile durch Database-Analysen, E-Commerce mit Online-Bestellmöglichkeit, Chats und Foren, all dies sind innovative und ausbaufähige Möglichkeiten des Direktmarketing. Das Internet eignet sich besonders dazu, durch die Nutzung „tiefenprofilierter Adressen" (mit Erfassung des Kundenvollprofils) der notwendigen Personalisierung, Individualisierung und Zielgruppengenauigkeit Rechnung zu tragen, wie es das Customer-Relationship-Marketing erfordert.

Checkliste: Direkt-Marketing

- Wie haben Sie die warmen und heißen Adressen erfasst?
- Mit welchen Responseelementen arbeiten Sie?
- Wie sieht Ihr Database-Management aus?
- Wie gestalten Sie die Personalisierung?

noch: Checkliste: Direkt-Marketing

> - Welche Elemente der Erfolgskontrolle nutzen Sie?
>
> - Welche Give-Aways (Werbegeschenke) verteilen Sie als Zugabe, Gratisleistung, Handlungsanreiz oder Dankeschön?
>
> - Was ist bei Ihrem Package alles dabei?
>
> - Können Sie die durch Kauf oder Interesse sofort messbare Reaktion erfassen?
>
> - Wie gehen Sie mit den Nicht-Reagierern um? Gelten sie als „verloren" oder stehen sie im Mittelpunkt weiterer DIMA-Aktivitäten/Nachfass-aktionen?

7. Die Marketing-Mix-Strategie

Ein überzeugendes, zu langfristigen und nachhaltigen Erfolgen führendes Marketing-Konzept entsteht nur dann, wenn zwei Grund-bedingungen erfüllt sind: Wenn die strategischen Vorarbeiten des Marketing gründlich durchgeführt wurden (Analyse, Definition der Einzigartigkeit, Zielkatalog und Konzepterstellung) und wenn alle Instrumente des Marketing-Mix passend zueinander entwickelt wur-den. Sie sollten zusammenwirken und sich ergänzen. Im Idealfall bil-den sie ein einziges integriertes Konzept, in dem die Maßnahmen in Form und Inhalt zusammenpassen und sich gegenseitig in ihrer Wir-kung unterstützen. Marketing gilt als erfolgreich, wenn es aus einem Guss geplant und Schritt für Schritt aufeinander abgestimmt (Konsis-tenzprinzip) durchgeführt wird. Der Marketing-Mix ist wie ein Puzzle, die Stücke müssen zueinander passen und ergeben nur insgesamt als vollständiges Puzzle ein funktionierendes Ganzes mit Aussicht auf nachhaltige Erfolge.

Beim erstem Schritt der Marketing-Aktivitäten geht es also um die Erledigung der unabdinglichen strategischen „Hausaufgaben". Beim zweiten Schritt folgt die Gestaltung bzw. Überprüfung der fünf ein-zeln dargestellten Instrumente des Marketing-Mix. Diese stehen und wirken nicht für sich alleine, sondern müssen in eine schlüssige und in sich „stimmige" (konsistente) Marketing-Mischung eingebunden sein, um andauernde Wirkung zu entfalten. Das Ganze als ein Zusammenspiel aller Elemente ist mehr als die Summe der Einzelteile. In einem weiteren dritten Schritt müssen daher alle Bestandteile der fünf Instrumente kombiniert und koordiniert, also sinnvoll aufeinander aufgebaut werden. Durch diesen „Abgleich" können sie sich einander ergänzen, um voll als „Marketing aus einem Guss" zur Geltung zu kommen. In einem letzten Schritt zur Harmonisierung wird das Konsistenzprinzip in einer ganzheitlichen Marketing-Konzeption zusammengeführt. Der letzte Schritt besteht in der praktischen Durchführung der geplanten Tätigkeiten, die von ständiger Kontrolle begleitet werden sollten.

Die fünf Schritte der operativen Marketing-Konzeption

Das Kennzeichen von Marketing ist das systematische und geplante Vorgehen. Es soll Ihnen nochmals anhand der fünf Schritte illustriert werden.

1. Schritt: Erledigung der strategischen „Hausaufgaben"

Dies sind die Analyse interner und externer Daten, das Erarbeiten des Alleinstellungsmerkmals, die Zielfestlegung sowie das Aufstellen eines Marketing-Plans. Es geht darum, die relevanten Daten zu erheben, auszuwerten und zu bewerten. Auf die Erhebung von Marktdaten und daraus abgeleiteten Erkenntnissen von Marketing-Chancen folgt die Ermittlung und Auswahl von Zielmärkten bzw. -gruppen durch Segmentierung. Durch die Definition und Kommunikation der Einzigartigkeit, dem besonderen Profil oder Alleinstellungsmerkmal erarbeitet sich die Organisation ihren Wettbewerbsvorteil. In einem Zielkatalog werden quantitative und qualitative Marketing-Ziele festgelegt und alles in einem umfassenden Konzept zusammengefasst.

2. Schritt: Konsistente Gestaltung der einzelnen Marketing-Instrumente

Im zweiten Schritt müssen die fünf Marketing-Instrumente (persönliche Beziehungsarbeit sowie die Preis-, Produkt-, Platzierungspolitik und PR als Kommunikationspolitik) einzeln entwickelt werden, sodass jedes für sich in sich stimmig ist.

3. Schritt: Abgleichung der einzelnen Instrumente

Jeder Plan muss punktgenau mit den anderen abgestimmt werden (z. B. kommunikative Aussagen, Farben, zeitlicher Auftritt, Produkte und sämtliche anderen Aktivitäten müssen zueinander und zur Zielgruppe passen: Der Werbeplan zu dem Distributionsplan, denn die Angebote sollten vorhanden bzw. fertig sein, wenn dafür geworben wird; Prospekte müssen rechtzeitig fertig werden etc.).

4. Schritt: Letzte Harmonisierungsphase

Im vierten Schritt werden die Ergebnisse zu einem harmonischen, einheitlichen und optimal aufeinander abgestimmten Marketing-Plan verbunden.

5. Durchführung der Marketing-Aktivitäten und Controlling

Die Marketing-Aktivitäten werden nach Plan, nach Möglichkeit mit eingebautem Kontrollmechanismus, durchgeführt.

Integriertes Marketing

Ein anderer Ausdruck für das Marketing aus einem Guss, der derzeit in aller Munde ist, ist das „integrierte Marketing". Integriertes Marketing gilt heute als durchgängiges und schlüssiges Prozessmodell. Die Schlüsselstellung hat die Konzepterstellung, bei der Sorgfalt und ein Höchstmaß an Planungspräzision erforderlich sind. Denn diese Feststellungen haben weit reichende Folgen für die meisten Organisationsprozesse. Der Plausibilitätprüfung kommt große Bedeutung zu: Passen die einzelnen Teile zueinander, ergeben Sie ein richtiges Ganzes?

Für den Erfolg des Marketing-Konzeptes sind einige Grundsätze zu beachten, die die eben aufgeführten Schritte nochmals aufgreifen und vertiefen:

- Schrittweises Vorgehen, denn die einzelnen Stufen sollen aufeinander aufbauen

- Schriftliches Fixieren, denn dadurch gewinnt der Mix an Verbindlichkeit und dient als Vorlage für externe Dienstleister

- Abstimmen mit anderen Organisationsbereichen, denn so bekommt das Konzept die notwendige Akzeptanz

- Ehrlich sein, denn so werden Schwachstellen ersichtlich

- Als kontinuierlichen Prozess begreifen, denn die Elemente des Mix müssen reifen und sich neuen Gegebenheiten anpassen

- Mit größtmöglichem Team bearbeiten, denn so wird das Konzept von vielen getragen.

Weder Königsweg noch Patentrezept

Erfolgreiches Marketing erfordert einen harmonischen, aufeinander abgestimmten Einsatz aller Marketing-Instrumente. Denn nur wer den Blick fürs Ganze hat, wird das Ganze auch erkennen. Für die „Mischung" gibt es kein allgemein gültiges Patentrezept und keinen alleinigen Königsweg. Jede NPO braucht ihren eigenen Mix. Hier hilft nur Professionalisierung, Kompetenzerweiterung sowie der Weg des Versuchs und Irrtums, denn aus Erfahrung wird man klug, gerade im Marketing. Trotz noch so raffinierter Marktforschung, wie all die Flops der hochkarätigen Markenartikler zeigen, bleibt der Kunde im Grunde ein unberechenbares Wesen.

Erfolg im Marketing setzt angesichts des raschen gesellschaftlichen Wandels mit Zunahme der Wettbewerber voraus, strategisch und vernetzt zu denken und systematisch handeln zu können. Marketing-Strategien, die unfehlbar zum Erfolg führen, gibt es allerdings nicht.

Die generell gültigen optimalen Grundlagen haben Sie als die vier Grundvoraussetzungen des strategischen „Denkansatzes" kennen gelernt. Die möglichen Handlungsalternativen des operativen Marketing wurden Ihnen in Form der fünf Marketing-Instrumente vorgestellt.

Wichtig: Planen Sie jedes Instrument nicht isoliert, sondern gemeinsam und gleichwertig mit den anderen Instrumenten. Wenn Sie die „Hausaufgaben" der Analyse, Definition der Einzigartigkeit, der Zieldefinition und der Bereitwilligkeit zur Konzepterstellung nicht gemacht haben, dann können Sie das auch nicht mit intensiver Werbung ausgleichen, diese wird nicht von Erfolg gekrönt sein. Sie wird ohne Wirkung verpuffen, weil Sie das falsche Produkt den falschen Leuten anpreisen oder falsche Absatzwege und unpassende Preise gewählt haben.

Von der Philosophie zur Praxis

5

Die Marketing-Philosophie

Sie haben die „Denke" und das Handeln des Marketing kennen gelernt. Die Marketing-Philosophie bildet sozusagen die allumfassende magische Klammer.

Mit der *Denkhaltung* ist die Einsicht in strategisch geplantes und faktenuntermauertes Vorgehen gemeint: Analyse der organisationsinternen Gegebenheiten und Erforschung der Marktverhältnisse, Zieldefinition, Herausstellen der hervorragenden Besonderheiten der Organisation und die Erkenntnis, alles in einem Plan festzuhalten.

Als *Handeln* wurde der operative Marketing-Mix vorgestellt. Er setzt diese strategischen Denkergebnisse in die Gestaltung der fünf Marketing-Instrumente um, die ausführlich beschrieben wurden.

Über allem schwebt die *Marketing-Philosophie* als die interne Bereitschaft von der Organisationsspitze hinunter bis zu sämtlichen Mitarbeitern, den Kunden mit all seinen Wünschen und Bedürfnissen ernst zu nehmen und entsprechend zu „bedienen". Dies fängt mit dem berühmten Lächeln an! Freundlichkeit kostet nichts, gibt aber den Kunden vieles und bringt den NPO langfristig ihre Erfolge.

Marketing als Haus

Anhand einer bildlichen Vorstellung will ich versuchen, Ihnen die Marketing-Philosophie zu verdeutlichen. Mit der Marketing-Philosophie ist die ganzheitlich kundenorientierte Grundeinstellung aller Organisationsmitarbeiter gemeint.

Das Fundament des Marketing-Hauses wird von den vier Eckpunkten des strategischen Marketing gebildet, die Sie als Analyse nach innen und außen, als Festsetzung von Zielen, als Festlegen des besonderen Profils sowie als Notwendigkeit eines umfassenden Planes kennen gelernt haben. Der Marketing-Mix bildet den Mittelteil: Gestaltung der persönlichen Beziehungen, Produktpolitik, Preispolitik, Platzierung und die Public Relations. Überdacht und zusammengehalten werden diese Bau-Elemente von der Marketing-Philosophie, die aus den Teilbereichen ein stimmiges Ganzes macht. In jeder Aktivität der Organisation sollte der Hauch der Kundenorientierung und Kundennähe zu spüren sein. Menschen arbeiten für Menschen – das sollte das Credo der Einstellung sein. In den Köpfen und den Herzen aller MitarbeiterInnen muss fest verankert sein, dass der Kunde König ist, der begeistert werden muss.

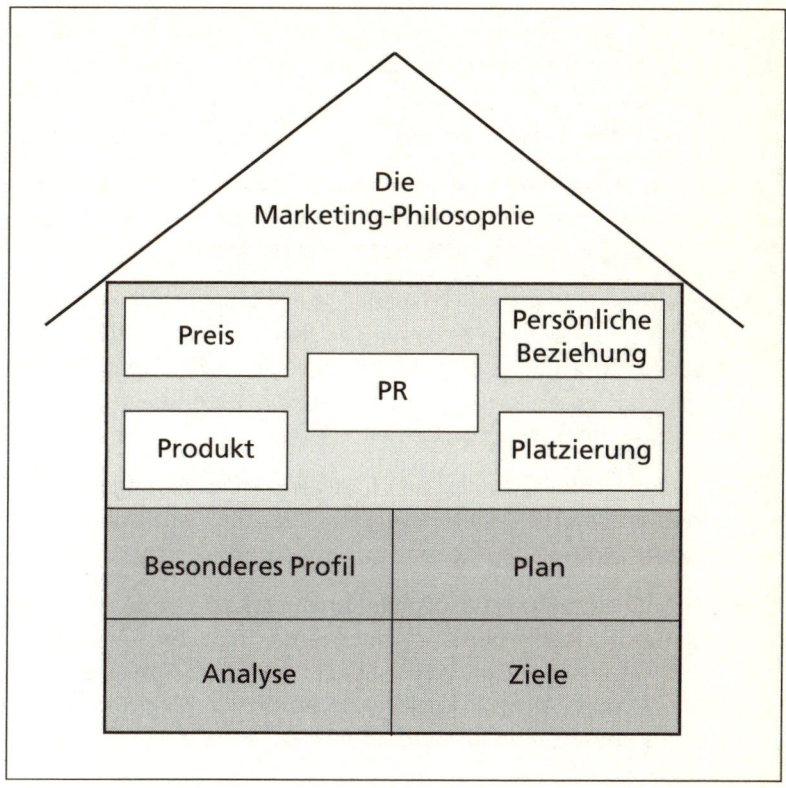

Kundenorientierung als roter Faden

Auch Philosophie basiert auf konkreten Plänen. Das Relationship-Marketing muss als verbindliche Richtschnur des Handelns in allen Bereichen gelten. Die folgenden Punkte fassen nochmals die wichtigsten Marketinggrundsätze und die Kennzeichen marktorientierten Verhaltens zusammen. Nur dadurch machen Sie Ihre Organisation bei knappen Kassen und zunehmendem Wettbewerb erfolgreich und bringen sie sicher in die Zukunft.

Die Kundenorientierung muss eingebettet sein in die Unternehmensstrategie und gilt als zentrales Gebot des Marketing. Gemeint ist damit, das gesamte Denken und Handeln aller Führungskräfte und Mitarbeiter auf den Kunden mit seinen aktuellen und potenziellen Bedürfnissen, Wünschen und Problemen hin auszurichten und durch geeignete Maßnahmen stetig in Aktivitäten miteinzubeziehen. Langfristige Kundenbindung ist die zentrale Voraussetzung für eine erfolgreiche Geschäftsentwicklung.

Dazu sind verstärkt Interaktionsprozesse mit direkter Einbindung der Zielgruppe(n) gefragt, um die anhaltende Kundenzufriedenheit zu gewährleisten. Die Gründe dafür liegen auf der Hand:

- Freundliche Menschen bleiben eher in Erinnerung als unfreundliche. Sie prägen die Beziehung zu den Kunden, die den Unterschied zu anderen Organisationen ausmacht. Freundlichkeit lässt sich lernen; sie ist allerdings weniger Methode als vielmehr eine unternehmerische Einstellung.

- In diesem „Beziehungsmarketing" liegen Profilierungsmöglichkeiten, denn die eigentliche Produktleistung erscheint für die meisten Kunden austauschbar.

- Eine länger anhaltende Kundenbindung ist potenziell rentabler als Neukundenakquisition, denn erfahrungsgemäß ist es um ein Vielfaches teurer, einen neuen Kunden zu gewinnen, als alte Kunden an die Organisation zu binden. Der Kundenbindung kommt eine größere Priorität zu als der Kundenneugewinnung.

- Nur durch intensiven Kontakt mit Ihrer Zielgruppe erkennen Sie deren Bedürfnisse, auf die Sie mit besonderen und auf die individuellen Bedürfnisse zugeschnittenen Angeboten antworten können.

- Durch anhaltende Kontakte mit dem Kunden bestätigen Sie die Richtigkeit der getroffenen Entscheidung und können „Folgeaktivitäten" (erneuter Kauf, Teilnahme, Spende o. Ä.) einleiten.

Kundenorientierung als Marketing-Philosophie

- Der Kunde mit seinen Bedürfnissen muss in den Mittelpunkt des Denkens und Handelns gestellt werden.
- Die Organisation muss sich selbst mit den Augen der Kunden betrachten.
- Der Kundennutzen und die Problemlösung müssen als Dreh- und Angelpunkt aller „Marktaktivitäten" gesehen werden.
- Der Schwerpunkt muss sich von der internen Diskussion der Arbeitsinhalte der NPO auf deren wirksame Präsentation nach außen verlagern.
- Es geht nicht mehr nur darum, einen Kunden zu finden, sondern ihn auf Dauer zu gewinnen und die Beziehung zu ihm zu pflegen.
- Besondere (Beziehungs-)Leistungen und Austauschprozesse verhelfen zudem zu einem besonderen Profil und bieten dadurch ein Alleinstellungsmerkmal, durch das sich die Organisation als einzigartig hervorhebt.
- Der Service-Gedanke muss stark betont, Dialog-Möglichkeiten müssen verstärkt geschaffen werden.
- Die Beziehungsgestaltung (nach innen wie nach außen) stellt einen zentralen Erfolgsfaktor dar. Sie sollte sich wie ein roter Faden durch alle Aspekte des Marketing ziehen.
- Kundenpflege zahlt sich aus, denn es ist wirtschaftlicher, einem einmal gewonnenen Kunden mehr zu „verkaufen", als einen neuen Kunden zu gewinnen.
- Nicht die Langzeitbindung über Kundenzufriedenheit vor lauter Neuakquise vernachlässigen.
- Kommunikationskanäle öffnen und offen halten.
- Konsistentes Leitbild schaffen und leben.
- Dafür sorgen, dass sich der Kunde wohlfühlt und auch möglichst lange Kunde bleibt.

Die Marketing-Philosophie im Alltag

Marketing ist primär eine Einstellungssache, die sich allumfassend auf den Alltag einer Organisation auswirkt. Mit der „nine-to-five-Mentalität" oder der „freizeitorientierten Schonhaltung" von Mitarbeitern, die nach dem pünktlichen Dienstschluss auch das „Mit-Denken" aufhören, kann kein erfolgreiches Marketing betrieben werden. Der Markt ist auch nach Feierabend mit Möglichkeiten für spannende Ideen und Anregungen präsent, darauf sollte ein Marketer innerlich eingerichtet sein und seine Antennen auf Empfang stellen. Jeder und jede MitarbeiterIn ist jederzeit RepräsentantIn der Organisation; man kann nicht nicht kommunizieren. Vernetzungsarbeit ist immer angesagt.

Da Marketing eine Einstellungssache ist, möchte ich Ihnen dazu zum Abschluss noch einige Anregungen darlegen:

- Marketing funktioniert wie ein Landeanflug mit dem Flugzeug. Jeder Fehler, der weit vom Ziel entfernt passiert, rächt sich fürchterlich beim Landen, sofern man die Landebahn überhaupt erreicht. Ohne strategische Zielbestimmung durch ein Konzept als detaillierten (Flug-)Plan und dessen exakte Einhaltung geht es nicht.

- Beim Marketing kommt es besonders auf die richtige Einstellung in den Köpfen an. Gemeint ist damit die grundsätzliche Hinwendung zu einer unternehmerischen Grundhaltung, sich als Dienstleister zu begreifen. Wir haben die Problemlösung für unsere Kunden, das ist unser Produkt, das „verkaufen" wir. Wobei das Wort „verkaufen" positiv im Sinne von anbieten besetzt sein sollte. Die Organisation ist für den Kunden und seine Bedürfnisse da, nicht umgekehrt! Dazu gilt auch, den Produktnutzen speziell für den Kunden zu formulieren („Sie finden bei uns … ").

- Die Art und Weise, wie eine Botschaft rüberkommt, ist mindestens ebenso entscheidend für den Erfolg wie die Botschaft selbst. Die Organisationen müssen sich angewöhnen, weniger senderzentriert auf ihre Inhalte fixiert zu sein und stattdessen verstärkt sich empfängerorientiert nach draußen auszurichten. Der Schwerpunkt muss sich von der internen Diskussion der („echten, richtigen") Arbeitsinhalte auf deren wirksame Präsentation nach außen verlagern, weg vom „Wir sind ja so gute Menschen-Standpunkt" hin zum „Das haben Sie von unserer Arbeit". Dazu muss die Werbetrommel gerührt werden.

- Marketing zu betreiben heißt, Marktteilnehmer sein und vor allem, seine eigenen Aktivitäten auf der ganzen Linie darauf abzustimmen. Marketing ist die Integration aller Aktivitäten auf allen Stufen. Es muss institutionell in der Führungsebene verankert sein, darf aber nicht nur Chefsache bleiben, sondern muss sich bis in die letzte Haarspitze der einzelnen Mitarbeiter als Sache aller durchsetzen. Gerade die unternehmerische „Marketing-Denke" betrifft alle Organisationsmitarbeiter.

- Marketing ist kein Herrschaftsgebaren; vielmehr sind die Leistungspartner (die NPO als Anbieter) und die Leistungsempfänger (die Kunden) als gleichberechtigt anzusehen. Marketing stellt den gesellschaftlichen Bezugsrahmen und die vielschichtigen Bedürfnisse der Kunden (vom Nachfrager bis zum Unterstützer oder Finanzier) konsequent in den Mittelpunkt des Handelns. Bittsteller gibt es auf keiner Seite!

- Marketing zu betreiben heißt, die Organisation und ihre Projektarbeit nach der „Denke" und den Grundsätzen des Marketing zu führen, keinesfalls die Organisation „zu vermarkten oder zu verkaufen". Zukunftsfähigkeit, Chancen nutzen, erfolgreich in die Zukunft gehen, das geht nur, wenn Marketing ganzheitlich als Führungsinstrument im Rahmen einer Managementstrategie eingesetzt wird.

- Der strategische Blick auf den Markt und seine Teilnehmer macht die Marketing-Denke aus. Weg von der passiven Empfängermentalität hin zum selbstverantwortlichen aktiven Agieren mit dem Ziel der verstärkten Autonomie. Wer sich mit Reagieren begnügt, kann weitgehend passiv bleiben und entlastet sich von den arbeitsintensiven Voraussetzungen des Marketing, hat aber keine berechenbare autonome und souveräne Zukunft.

- Marketing ist Antizipation von Marktchancen. Die Zukunft kommt – egal, ob Sie vorbereitet sind oder nicht! Heften Sie Ihren Blick fest auf die Zukunft, denken Sie schon heute über morgen nach. Dazu sind zukunftsorientierte Denkhaltung, die Beobachtung der Trends bei Mitbewerbern und Kunden, Fingerspitzengefühl sowie eine kreative Unruhe überlebensnotwendig. Auch eigene Flexibilität, Einfallsreichtum, Aufgeschlossenheit und neue Ideen sind gefragt. Marketing ist als Managementstrategie ein nützliches Führungsinstrument, das Sie in die Lage versetzt, schnell und anpassungsfähig auf die Gegebenheiten des Marktes zu reagieren und innovativ zu agieren. Wichtig ist, sozusagen „auf Vorrat" denken zu können, um bei veränderten Bedingungen rasch handeln zu können. Das Motto sollte sein: Lieber gewandelt siegen als aufrecht untergehen!

- Marketing ist weder Aktion als Schnellschuss oder Eintagsfliege noch Feuerwehreinsatz, sondern langfristig anzulegen. Denn Marketing bedeutet, die Zukunft zielgerichtet in die Hand zu nehmen, ohne vorschnelle Maßnahmen und Aktivismus. Erfolge kommen nicht über Nacht durch spektakuläre Aktionen, sondern nur durch langfristig angelegte kontinuierliche Aktivitäten und energie- und planungsintensive Vorlaufzeit, die systematisch aufeinander abgestimmt werden müssen. Bis sich der Erfolg einer schlüssigen Marketing-Strategie zeigt, vergeht geraume Zeit.

- Ein bisschen Werbung hier, ein bisschen Öffentlichkeitsarbeit da, das ist noch lange kein Marketing! Nur durch das Zusammenspiel aller Kräfte kann das Marketing seine übergeordnete und verbindende Querschnittsfunktion wahrnehmen, die wertvolle Synergieeffekte wirksam werden lässt. Gerade der spezifische vernetzte und strategische Denkansatz und das konsequente Handeln machen Marketing aus. Das Ganze ist mehr als die Summe der Teile, gerade beim Marketing. Sich Verbündete suchen gehört auch dazu, Networking ist angesagt.

Das Beste zum Schluss

Erfolgreiches Handeln ergibt sich aus einer klaren Vorstellung. Hier zu Ihrer Motivation eine Aufstellung möglicher Erfolge, die Sie durch aktives Marketing erreichen können:

- Höherer Bekanntheitsgrad
- Bessere Auslastung der Angebote durch Teilnehmer/Besucher/Käufer
- Steigerung der Qualität der Angebote
- Verbesserung ihres Absatzes
- Gute Berichterstattung in den Medien
- Zunahme der Mitgliederzahl
- Höhere Spenden/Bußgeldzuweisungen/bewilligte Stiftungsmittel o. Ä.
- Erschließung neuer Zielgruppen
- Zunehmende Bewerbungen von (haupt- oder ehrenamtlichen) Mitarbeitern
- Imageverbesserung
- Festigung der momentanen Situation/Verhinderung von Rückschlägen
- Gesicherte Zuschüsse und Fördermittel
- Verhaltensveränderung in der Zielgruppe
- Rege Nachfrage nach Unterlagen
- Beendigung eines großen Investitionsvorhabens
- Optimale Befriedigung der Kundenbedürfnisse
- Verteidigung der Organisation gegen Einsparungsmaßnahmen.

Kostensparende Vorbereitung

Das vorliegende Praxis-Handbuch ist ein guter Einstieg in die Welt des Marketing, und außerdem sind seine Übungsfragen eine gute Vorbereitung, wenn Sie in Zukunft eventuell mit externen Organisationsberatern, speziellen Agenturen oder anderen Dienstleistern zusammenarbeiten. Beratung kostet – seien Sie vorbereitet. Der Tagessatz der Berater ermahnt Sie wenigstens zur Effizienz, die Sie jedoch wesentlich durch umfangreiche Vorarbeiten erhöhen können. Es kommen

sowieso noch „Unsummen" auf Sie zu, die Sie bitte als Investition in das erfolgreiche Überleben der Organisation verbuchen sollten. Eine Beratung in Anspruch zu nehmen kann also heute teuer werden, auch wenn sie sich morgen auszahlt. Eine Werbeagentur verlangt einen nicht unbeträchtlichen Etat, extern vergebene Öffentlichkeitsarbeit ein gehöriges Budget.

Jede Beratungsstunde verschlingt bereits Geld, das aber durch gute interne Vorbereitung gespart werden kann. Wichtig ist hierbei das Briefing, eine Art „Regieanweisung" oder „Anforderungskatalog" für den Berater, das eine genaue Zielsetzung der Beratung enthalten muss. Ebenso muss das Briefing die dafür notwendigen Informationen, Bedingungen, Hintergründe und Vorstellungen enthalten, die den Beratungserfolg beeinflussen.

Wichtig: Es müssen alle „Hausaufgaben", die Sie in diesem Praxis-Handbuch vorgefunden haben, erkannt sein und gegebenenfalls als Information oder Basis in das Papier für den Berater eingehen. Nach dem Briefing soll der Externe seinen Maßnahmenplan vorlegen. Dessen Qualitäten wiederum können Sie nur erkennen, wenn Sie (mehr als) eine Ahnung von Marketing haben!

Viel Erfolg!

Literaturhinweise

Arms, Brigitte: Lokales Marketing, Cornelsen

Beilmann, Michael: Sozialmarketing und Kommunikation, Luchterhand

Bodenstein, Gerhard: Marketing: Strategien, Instrumente, Organisation, Moderne Industrie

Bruhn, Manfred / Tilmes, Jörg: Social Marketing, Kohlhammer

Fischer, Walter: Sozialmarketing für Non-Profit-Organisationen, Orell Füssli

Happes, Wolfgang / Volkert, Petra: Presse- und Öffentlichkeitsarbeit in Vereinen und Verbänden, Non-Profit-Verlag

Herbst, Dieter: Corporate Identity, Cornelsen

Kotler, Philip / Roberto, Eduardo: Social Marketing, Econ

Luthe, Detlef: Öffentlichkeitsarbeit für Nonprofit-Organisationen, MaroVerlag

Martin, Ilse / Sperling, Ute A.: Erfolgreiches Marketing. Ein Praxis-Ratgeber für kleine und mittlere Unternehmen, Haufe Verlag

Pepels, Werner: Praxiswissen Marketing, C. H. Beck

Scheibe-Jaeger, Angela: Finanzierungs-Handbuch für Non-Profit-Organisationen, Walhalla Fachverlag

Unger, Fritz: Taschenbuch für Marketing: Grundlagen – Instrumente – Strategien, Sauer

Winkelmann, Peter: Marketing und Vertrieb. Fundamente für die Marktorientierte Unternehmensführung, Oldenbourg

Stichwortverzeichnis

Stichwortverzeichnis

Stichwortverzeichnis